ANYBODY HAVE A MAP?

Music and Lyrics by BENJ PASEK
and JUSTIN PAUL

not giv-ing up be - fore __ we've tried __ This year __ we make a new __

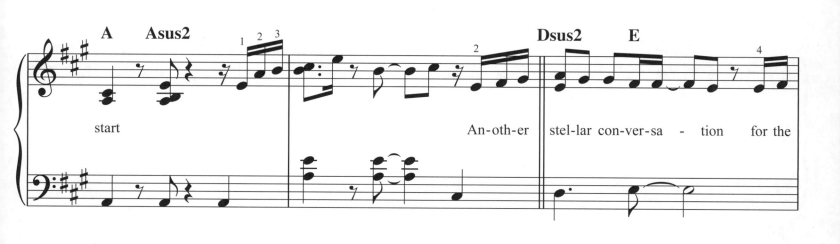

start An-oth-er stel-lar con-ver-sa - tion for the

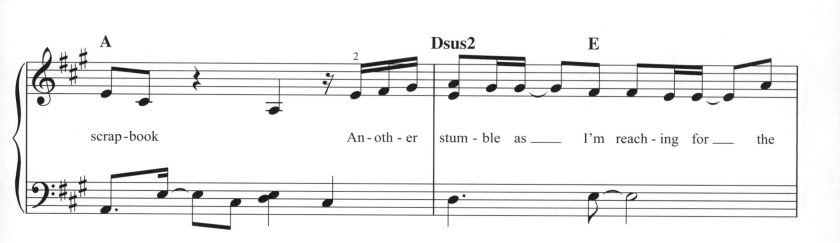

scrap-book An - oth - er stum - ble as __ I'm reach - ing for __ the

right thing __ to say __ Well, I'm __ kin - da com - in' up emp - ty, can't

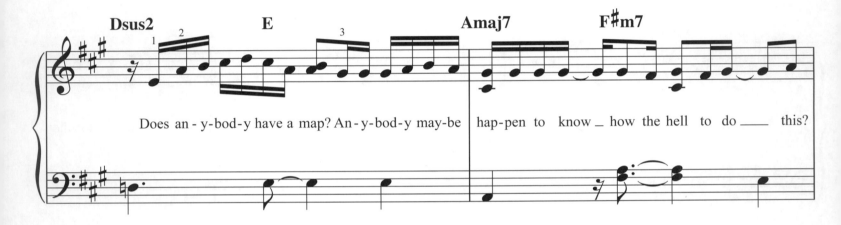

I'm fly - in' blind and I'm mak-ing this up as I go

CYNTHIA:

An - oth-er mas - ter - ful ___ at - tempt ___ ends with dis-as -

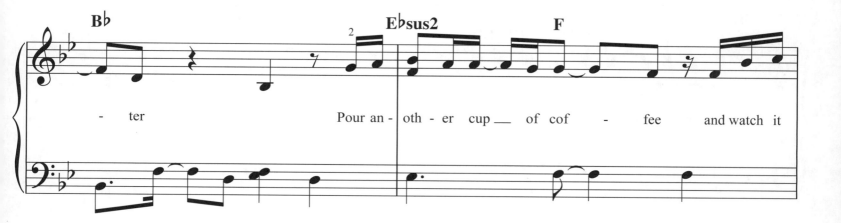

- ter Pour an - oth - er cup ___ of cof - fee and watch it

all crash ___ and burn ___ It's a puz - zle, it's a maze ___ I

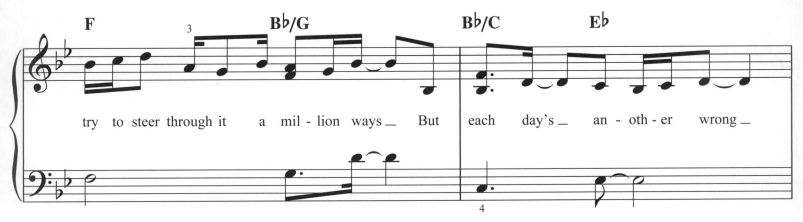

try to steer through it a mil-lion ways __ But each day's __ an-oth-er wrong __

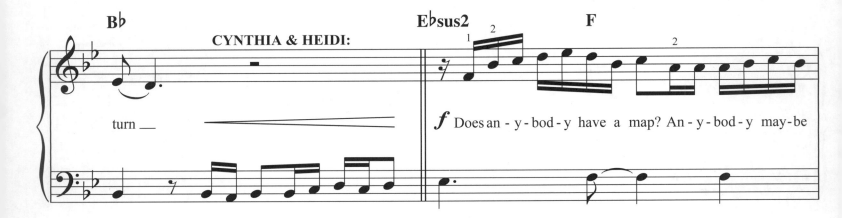

CYNTHIA & HEIDI:

turn __

f Does an-y-bod-y have a map? An-y-bod-y may-be

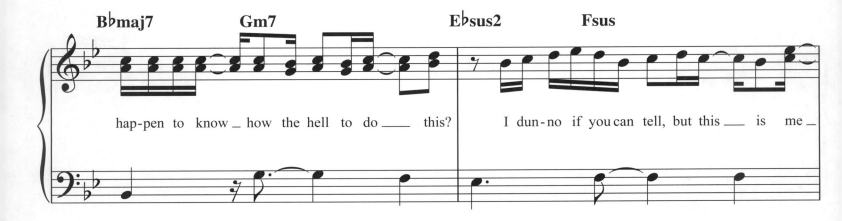

hap-pen to know __ how the hell to do __ this? I dun-no if you can tell, but this __ is me __

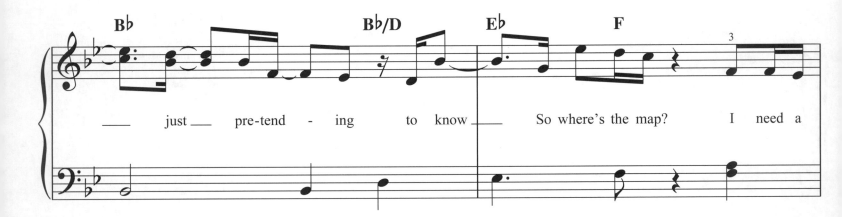

__ just __ pre-tend-ing to know __ So where's the map? I need a

9

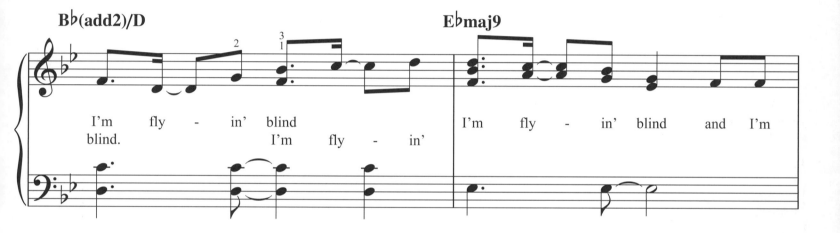

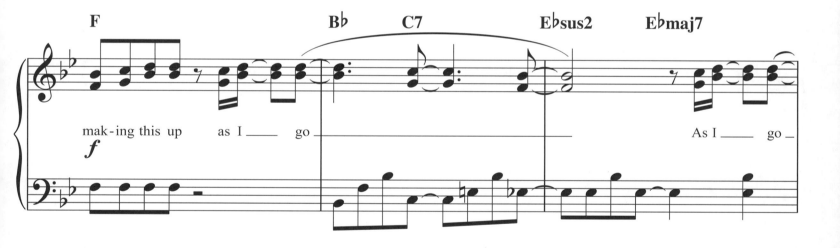

WAVING THROUGH A WINDOW

Music and Lyrics by BENJ PASEK
and JUSTIN PAUL

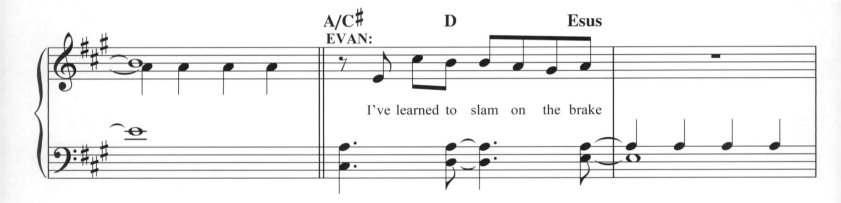

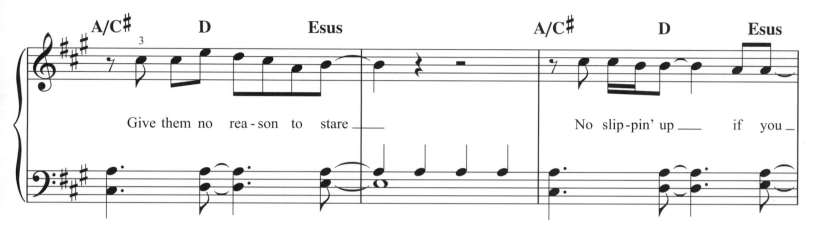

Give them no rea-son to stare ___ No slip-pin' up ___ if you ___

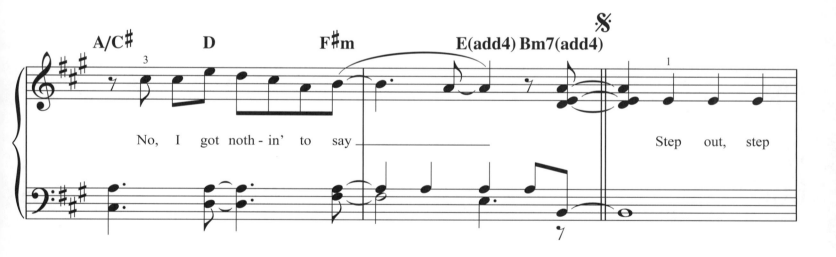

___ slip a - way ___ So I got noth-in' to share

No, I got noth-in' to say ___ Step out, step

out-ta the sun ___ if you keep ___ get-tin' burned. ___

Step out, step out-ta the sun ___ be-cause ___ you've learned, ___ be-cause ___

Omit on D.S.

___ you've learned ___

On the out - side

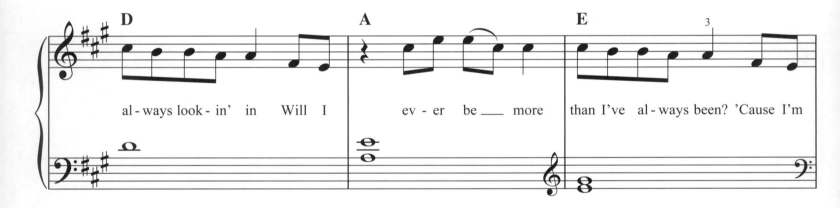

al-ways look-in' in   Will I   ev-er be ___ more   than I've al-ways been? 'Cause I'm

tap - tap - tap-pin' on the   glass. ___   Wav - ing through a win-

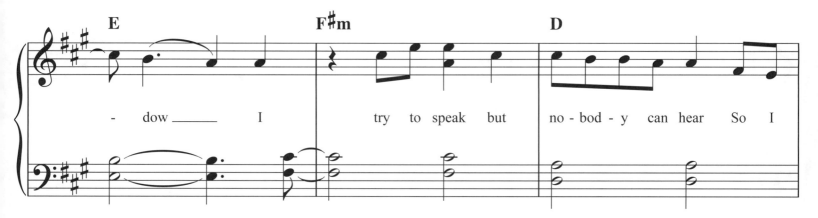

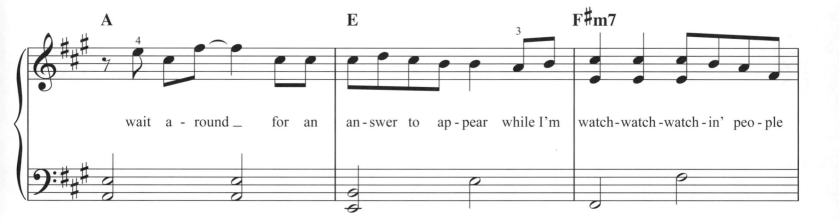

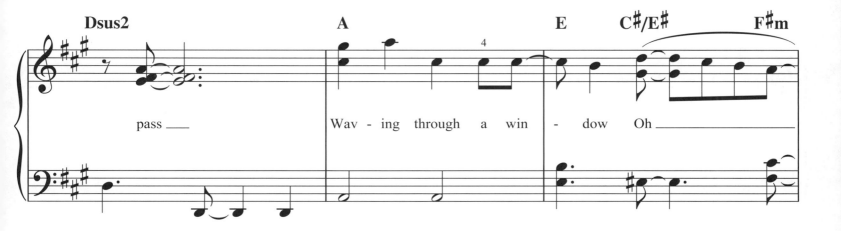

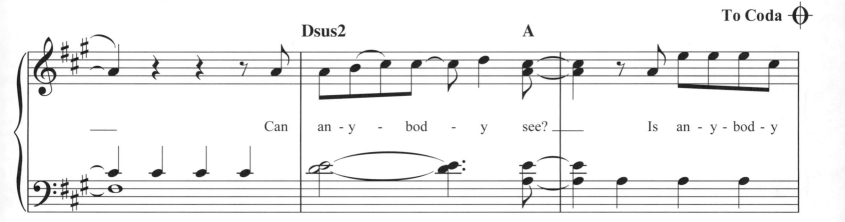

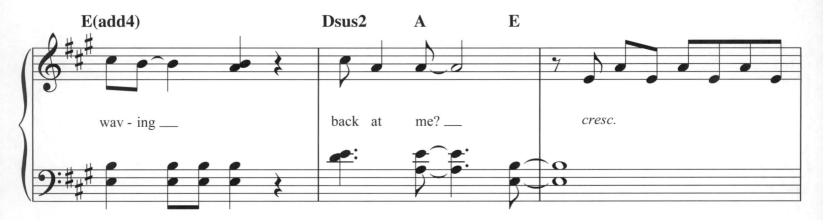

wav - ing ___ back at me? ___ cresc.

_mf_ We start with stars in our eyes ___

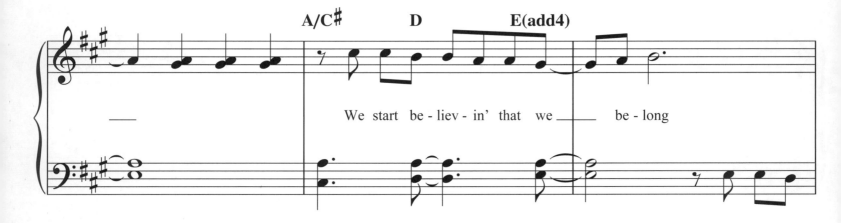

We start be - liev - in' that we ___ be - long

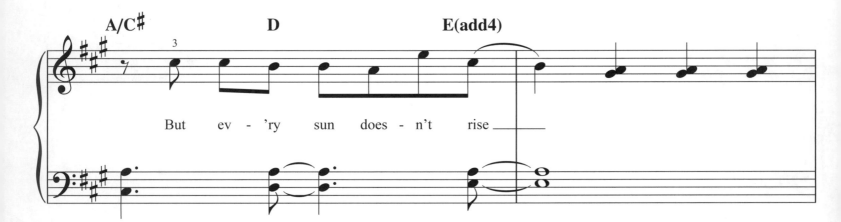

But ev - 'ry sun does - n't rise ___

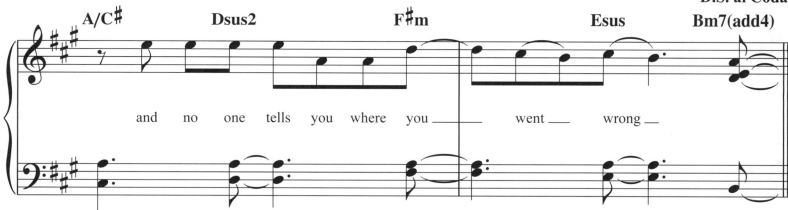

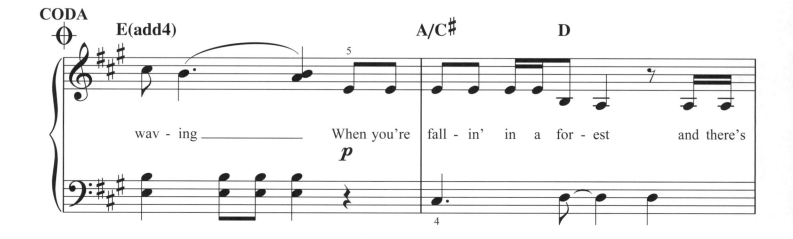

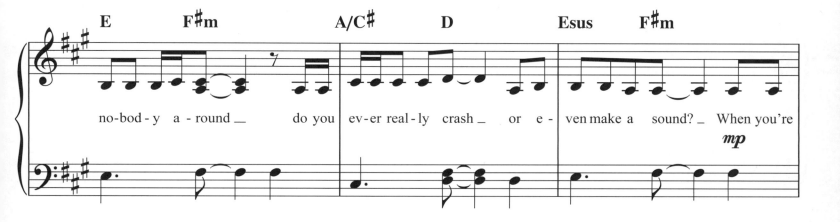

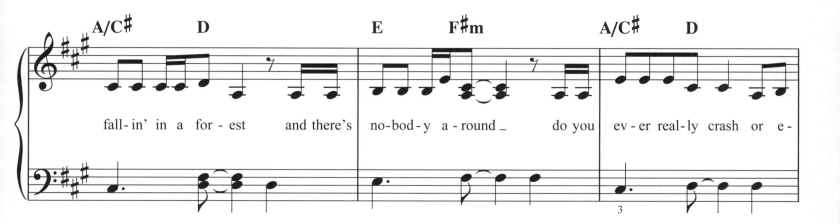

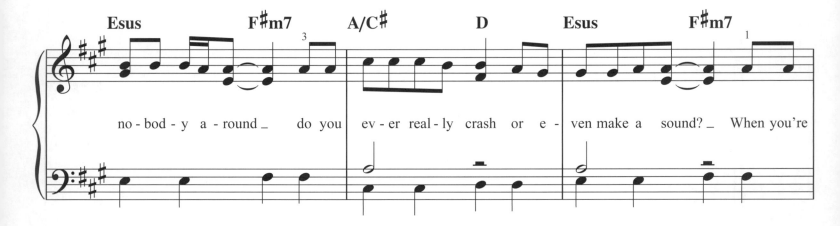

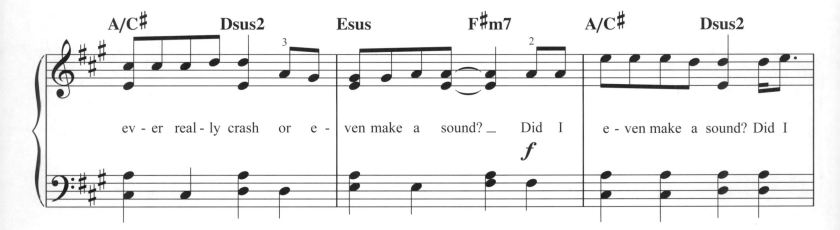

e - ven make a sound? It's like I nev - er made a sound Will I

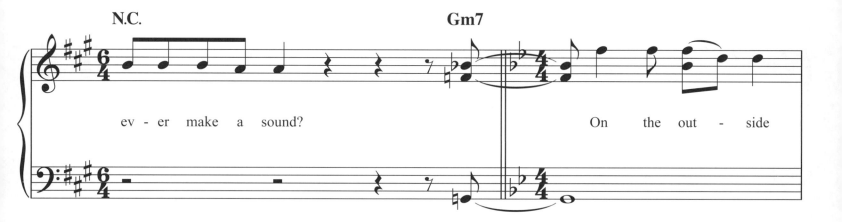

ev - er make a sound? On the out - side

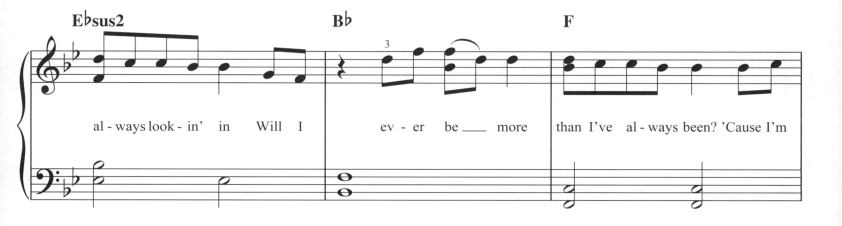

al - ways look - in' in Will I ev - er be ____ more than I've al - ways been? 'Cause I'm

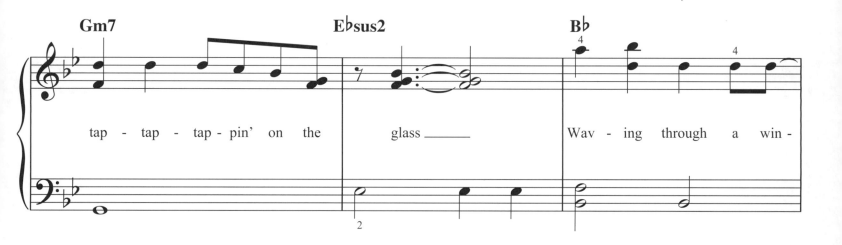

tap - tap - tap - pin' on the glass ____ Wav - ing through a win -

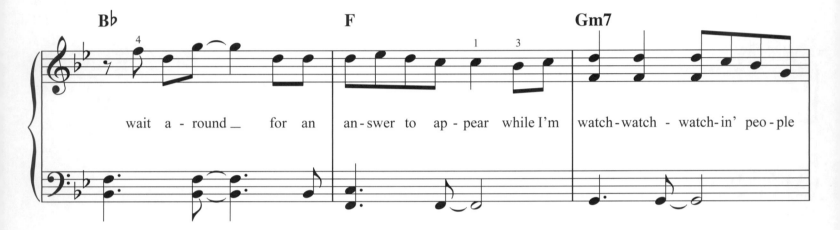

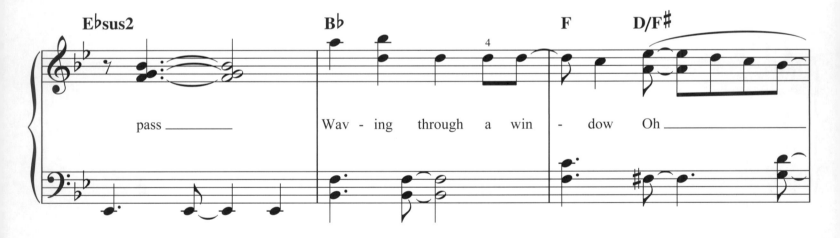

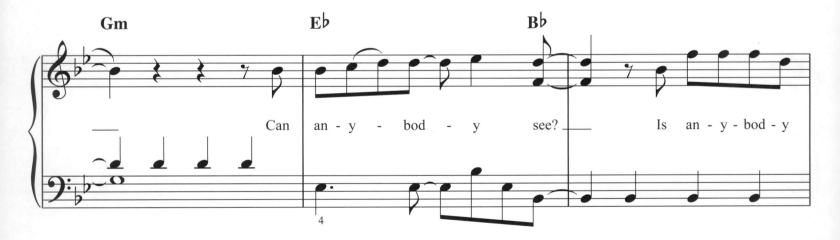

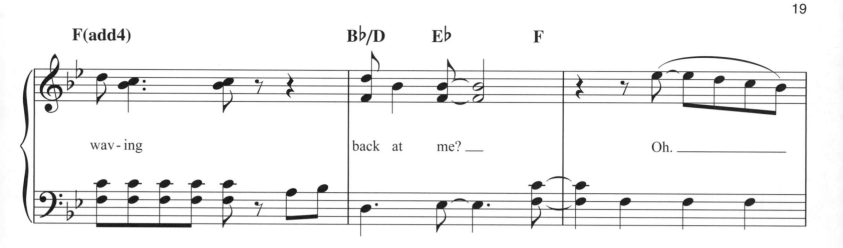

wav-ing   back at me? ___   Oh. _____

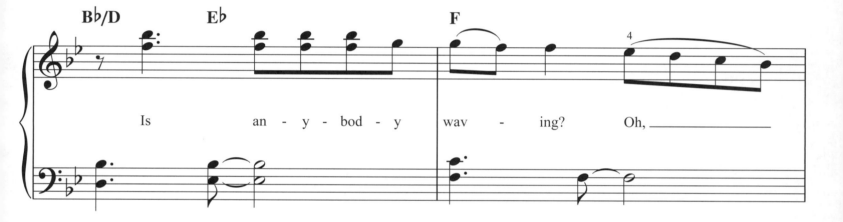

Is   an - y - bod - y wav - ing? Oh, _____

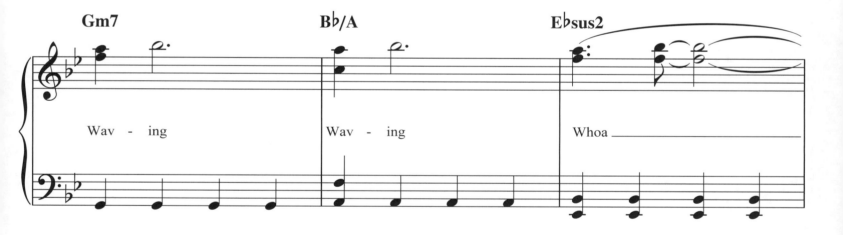

Wav - ing   Wav - ing   Whoa _____

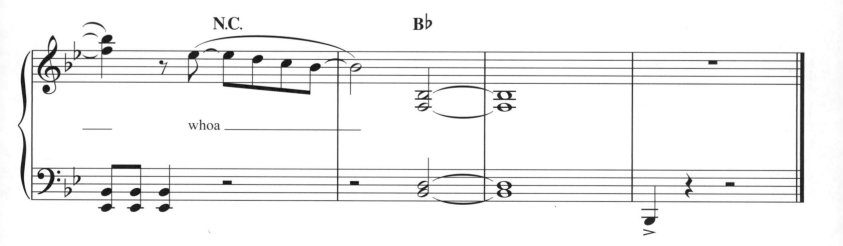

___ whoa _____

FOR FOREVER

Music and Lyrics by BENJ PASEK
and JUSTIN PAUL

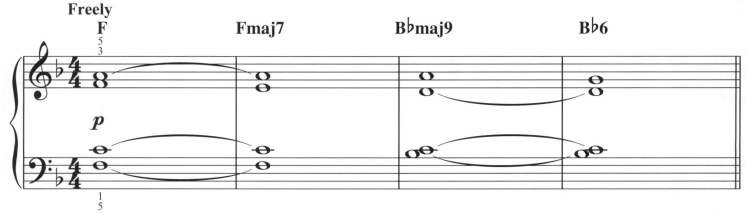

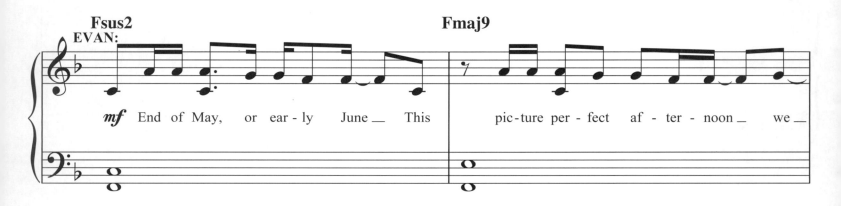

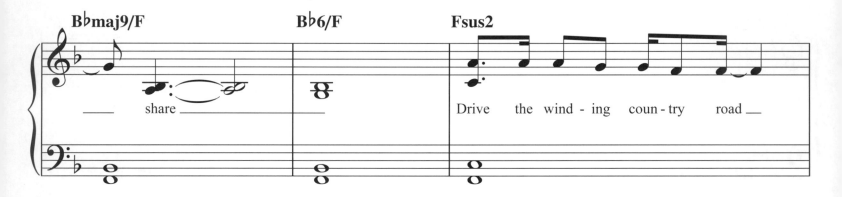

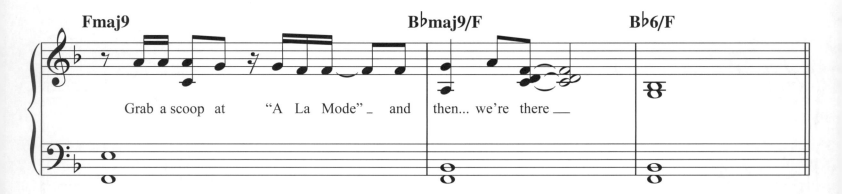

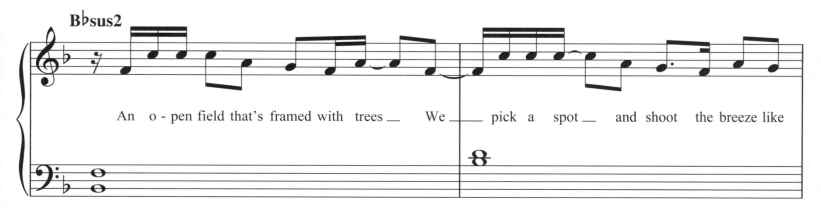

B♭sus2

An o-pen field that's framed with trees __ We __ pick a spot __ and shoot the breeze like

Fsus2

bud - dies do __

B♭sus2

Quot - ing songs __ by our fa - v'rite bands __

B♭maj9

Tell-ing jokes __ no one un-der-stands __ ex - cept us __ two __ And we

Fsus2

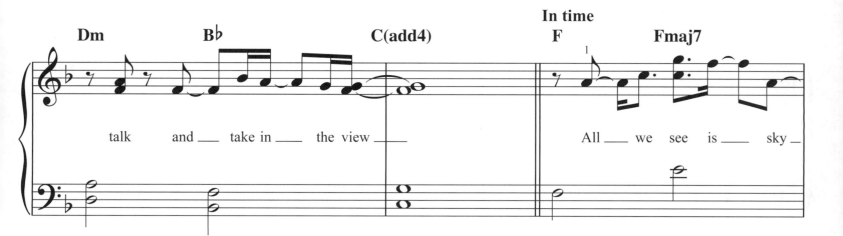

Dm   **B♭**   **C(add4)**

talk   and __ take in __ the view __

In time

F   **Fmaj7**

All __ we see is __ sky __

for for-ev-er We let the world pass by for for-ev-er

Feels like we could go on for for-ev-er this way Two friends

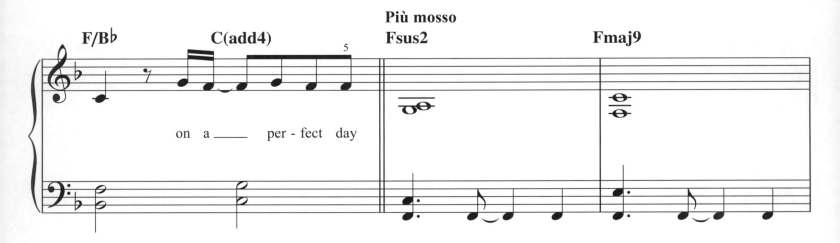

on a perfect day

Più mosso

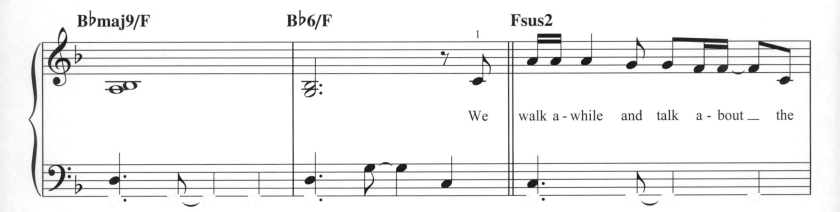

We walk a-while and talk a-bout the

Fmaj9 / **Bb/F** / **Fsus2**

things we'll do ___ when we get out ___ of school ___ Bike the Ap - pa - la - chian Trail, or

Fmaj9 / **Bb/F**

write a book, ___ or learn to sail Would-n't that be cool? ___ There's

Bbsus2

noth-ing that ___ we can't dis - cuss Like, girls we wish would no - tice us but ___

Fsus2 / **F** / **Bbsus2**

___ nev - er do ___ He looks a - round ___ and says to me "There's

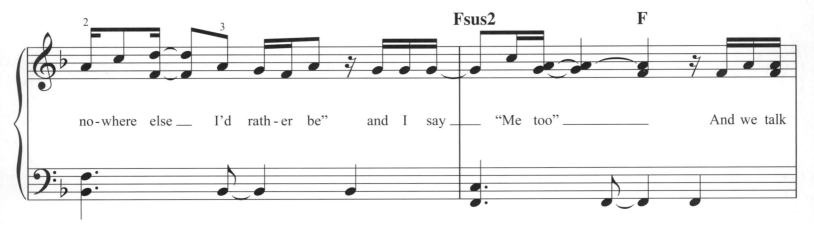

no-where else ___ I'd rath-er be" and I say ___ "Me too" _____ And we talk

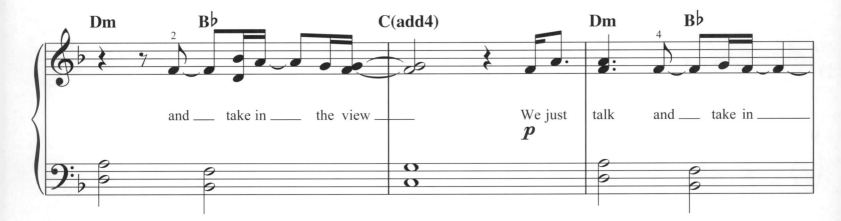

and ___ take in ___ the view ___ We just talk and ___ take in ___

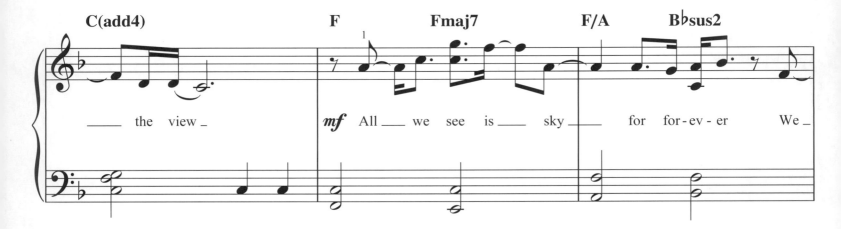

___ the view _ *mf* All ___ we see is ___ sky ___ for for-ev-er We _

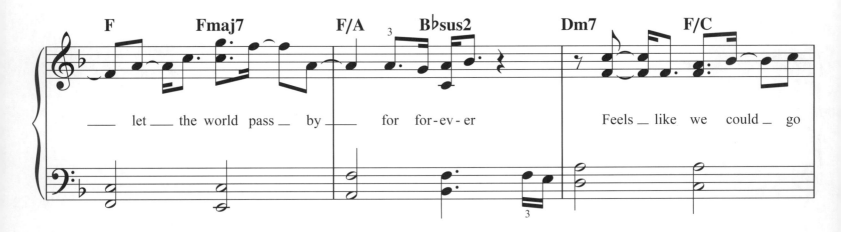

___ let ___ the world pass _ by ___ for for-ev-er Feels _ like we could_ go

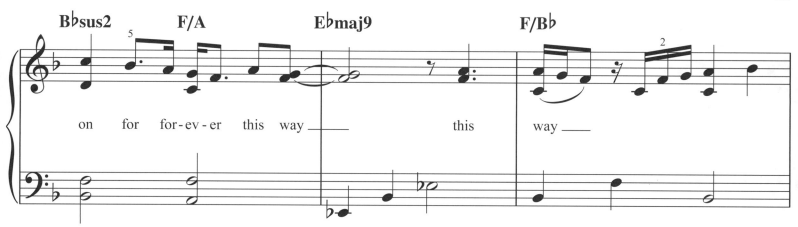

on for for-ev-er this way _____ this way _____

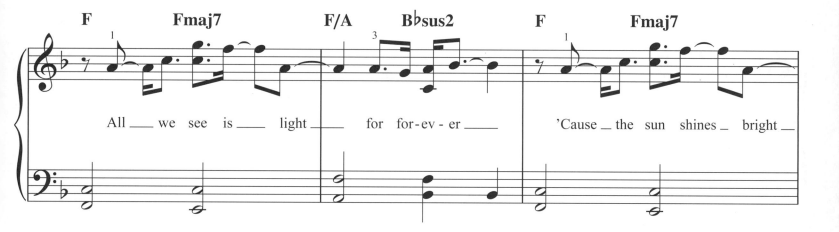

All _____ we see is _____ light _____ for for-ev-er _____ 'Cause _____ the sun shines _____ bright _____

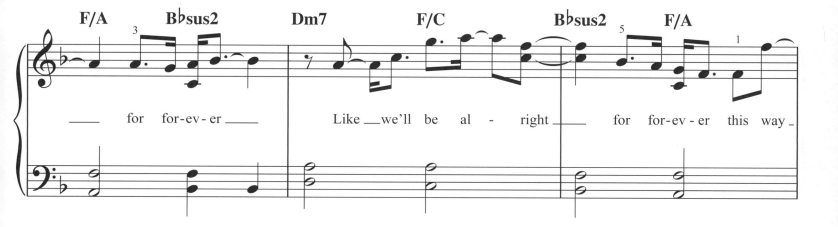

_____ for for-ev-er _____ Like _____ we'll be al - right _____ for for-ev-er this way _

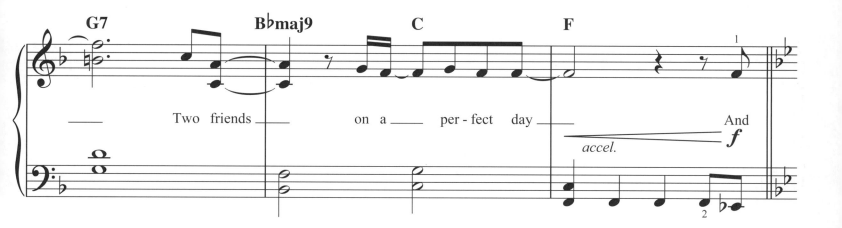

Two friends _____ on a _____ per-fect day _____ And

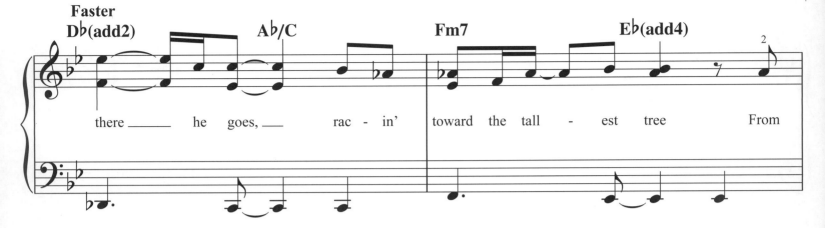

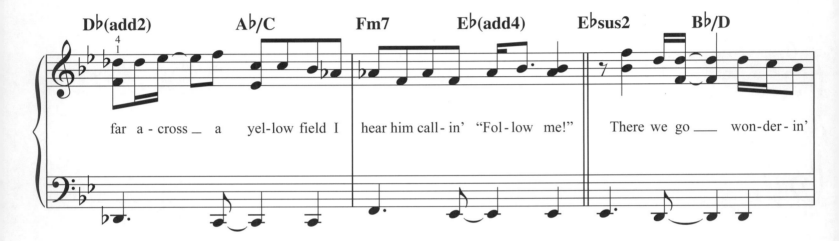

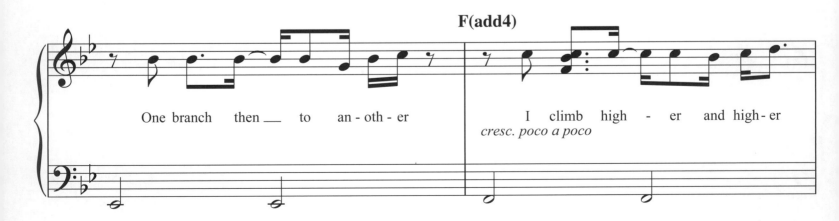

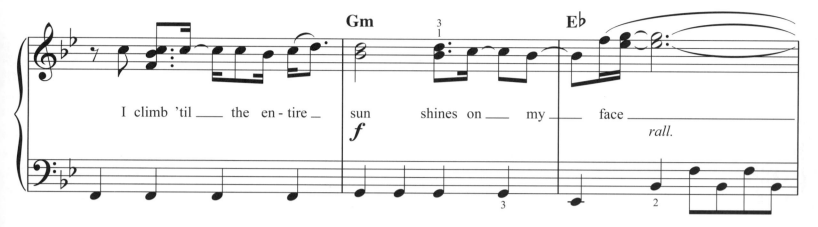

I climb 'til ___ the en - tire ___ sun shines on ___ my ___ face ___

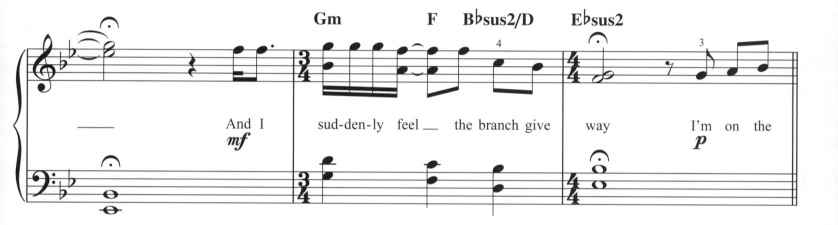

___ And I sud-den-ly feel ___ the branch give way I'm on the

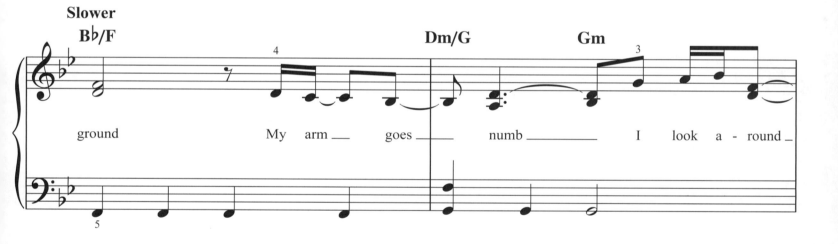

Slower

ground My arm ___ goes ___ numb ___ I look a - round ___

___ and I see him come to get ___ me He's come to get ___ me

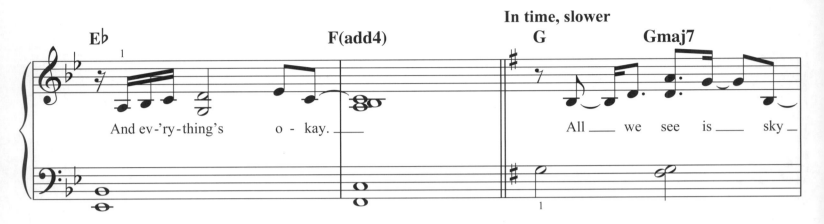

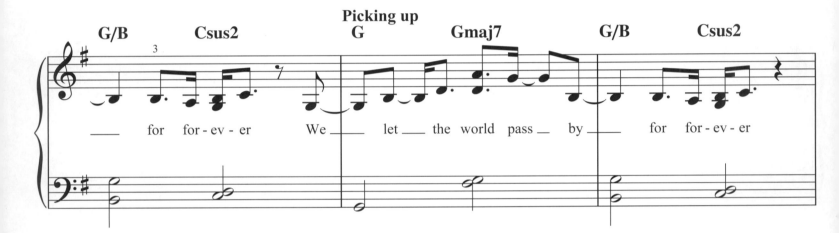

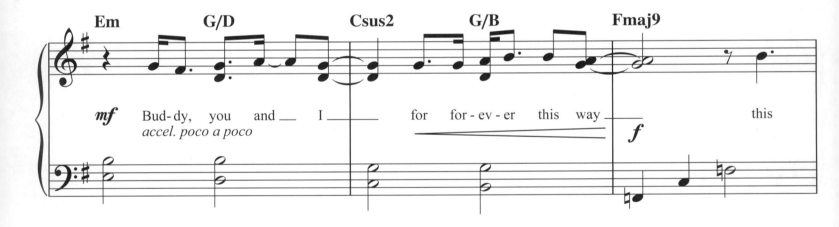

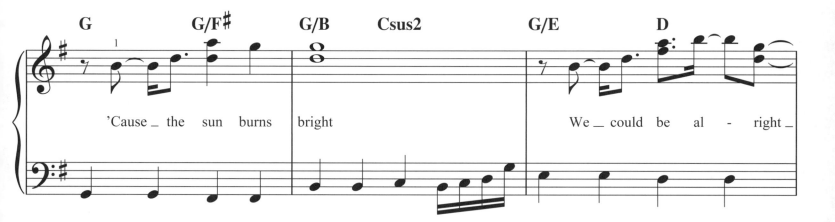

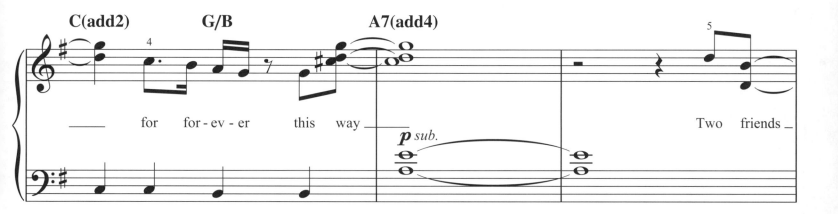

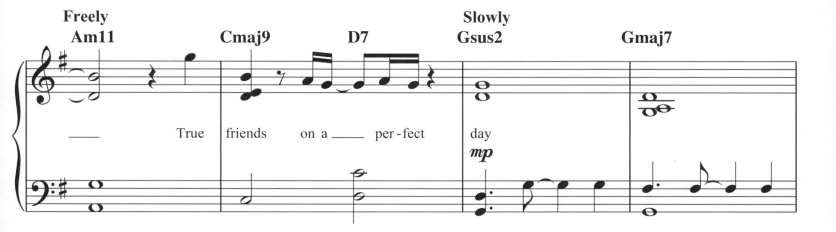

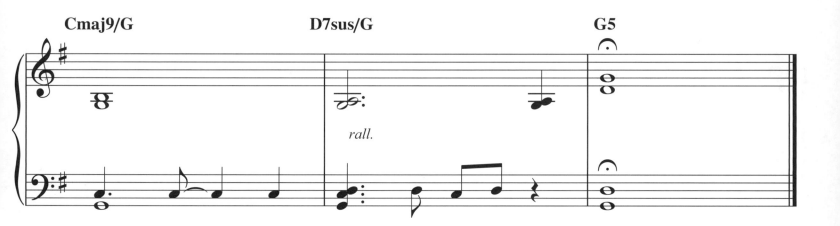

SINCERELY, ME

Music and Lyrics by BENJ PASEK
and JUSTIN PAUL

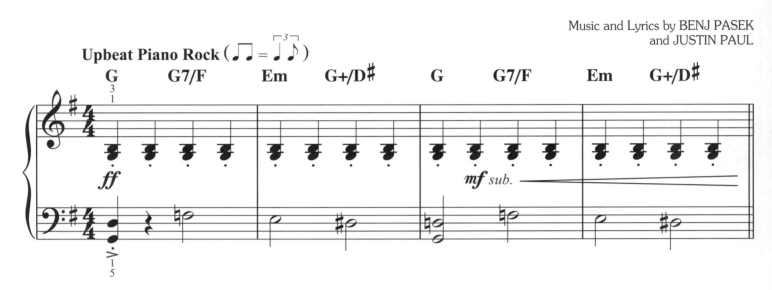

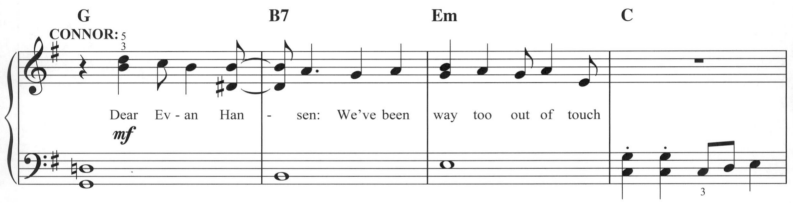

Dear Ev-an Han - sen: We've been way too out of touch

Things have been cra - zy And it sucks that we don't talk __ that much

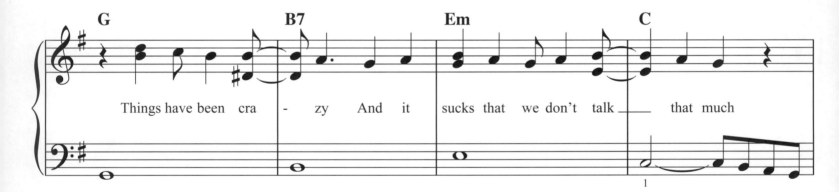

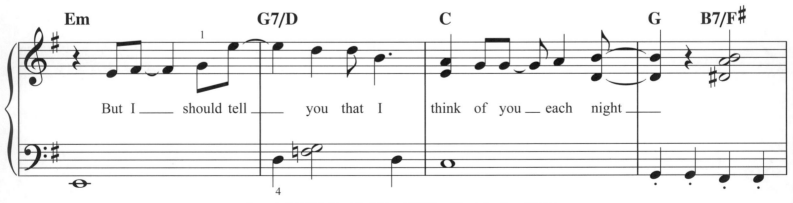

But I __ should tell __ you that I think of you __ each night __

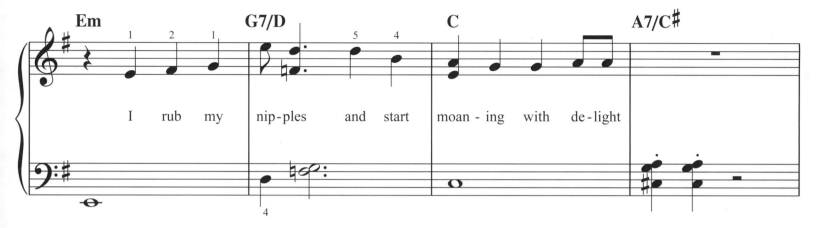

I rub my nip-ples and start moan-ing with de-light

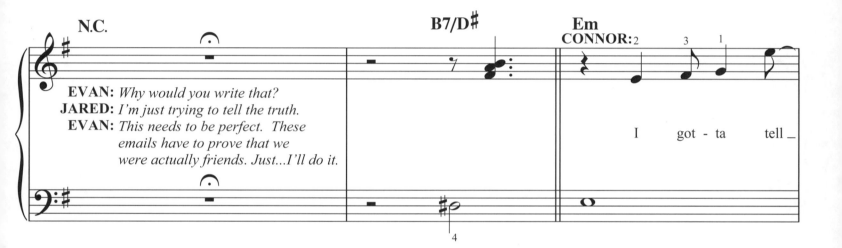

EVAN: *Why would you write that?*
JARED: *I'm just trying to tell the truth.*
EVAN: *This needs to be perfect. These emails have to prove that we were actually friends. Just...I'll do it.*

CONNOR: I got-ta tell ___

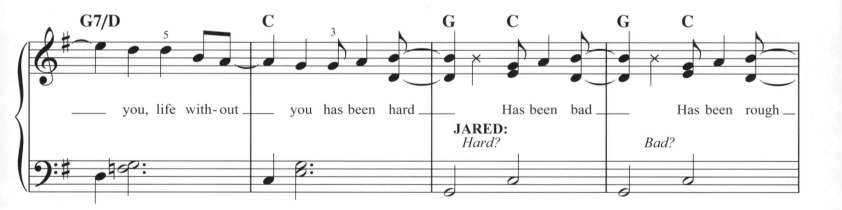

___ you, life with-out ___ you has been hard ___ Has been bad ___ Has been rough ___

JARED:
Hard?   *Bad?*

Kink-y!

And I miss talk-ing a-bout life and oth-er

32

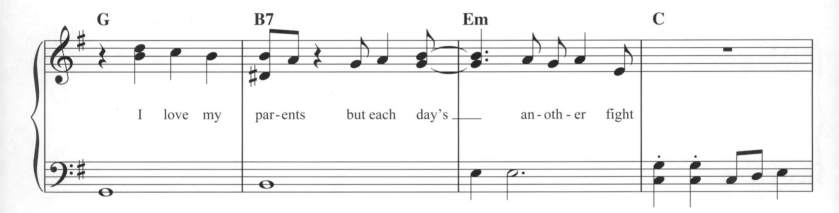

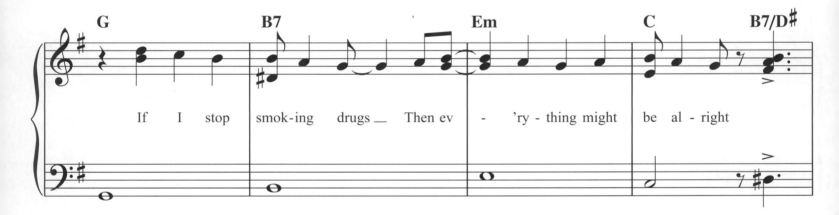

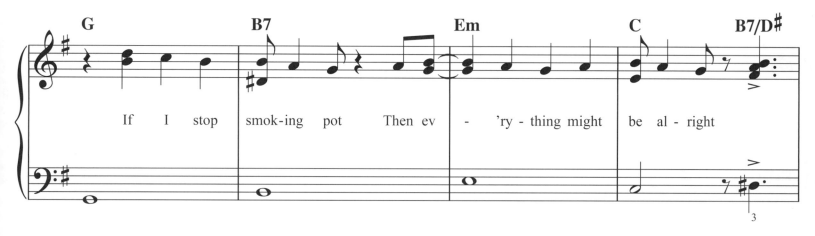

If I stop smok-ing pot Then ev - 'ry-thing might be al - right

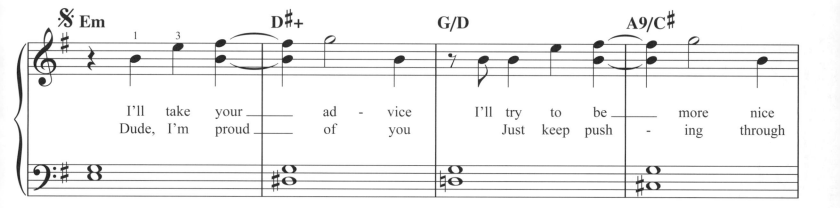

I'll take your _____ ad - vice I'll try to be _____ more nice
Dude, I'm proud _____ of you Just keep push - ing through

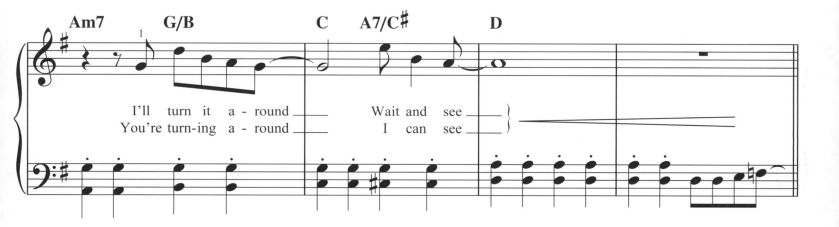

I'll turn it a - round _____ Wait and see _____
You're turn-ing a - round _____ I can see _____

'Cause all that it takes _____ is a lit-tle re - in - ven - tion

34

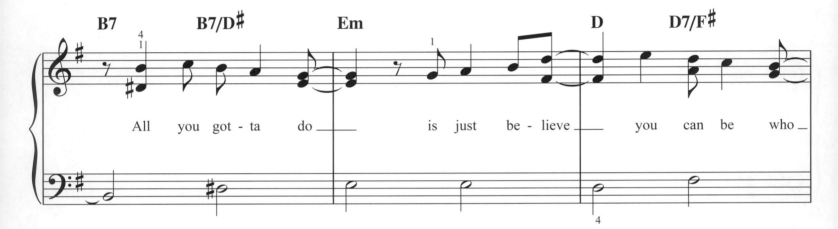

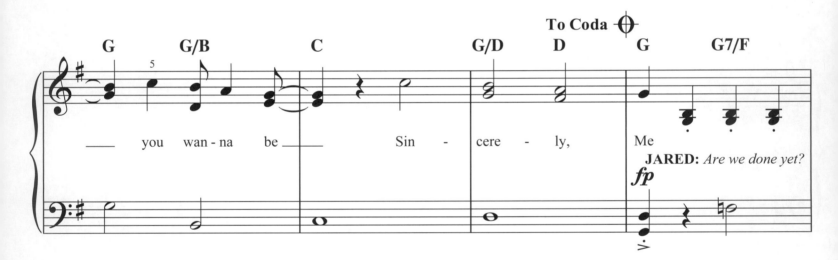

35

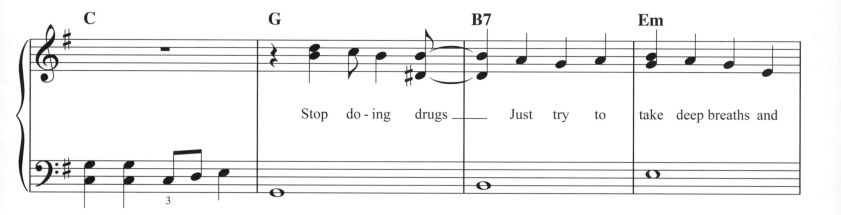

36

D.S. al Coda

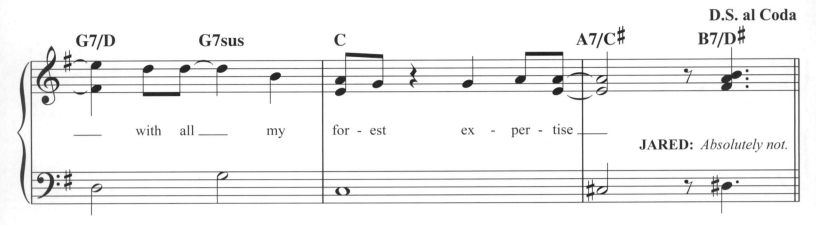

with all ___ my for - est ex - per - tise ___

JARED: *Absolutely not.*

CODA

CONNOR:

Me My sis - ter's

EVAN: JARED:

hot. What the hell? My bad.

CONNOR:

Dear Ev - an Han -

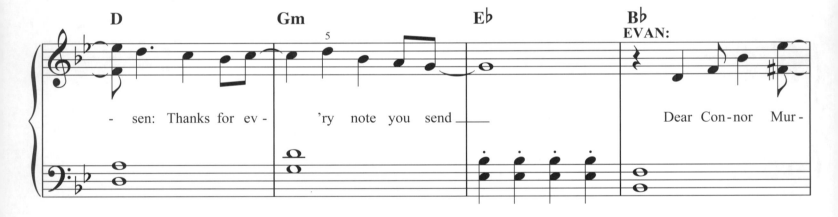

- sen: Thanks for ev - 'ry note you send ___

EVAN:

Dear Con - nor Mur -

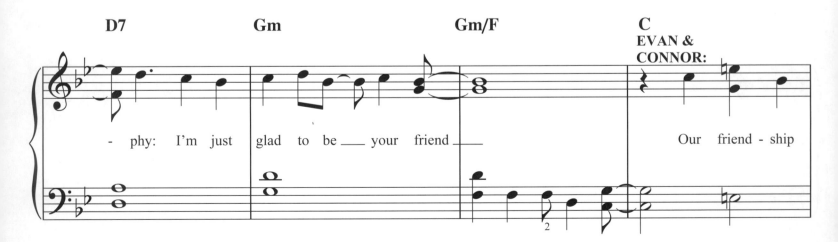

- phy: I'm just glad to be ___ your friend ___

EVAN &
CONNOR:

Our friend - ship

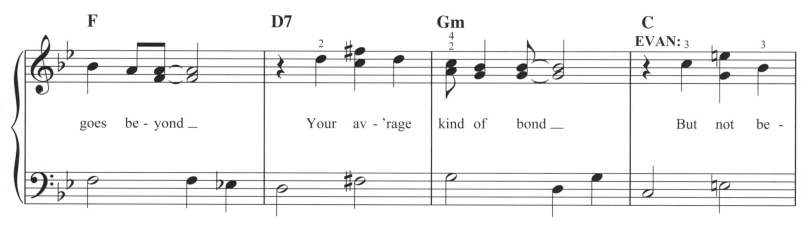

F   D7   Gm   C

goes be - yond __   Your av - 'rage   kind of bond __   **EVAN:** But not be -

F   D7   Gm   F   **EVAN &**
          CONNOR: **CONNOR:**

cause we're gay __   No, not be - cause we're gay __   We're close   but

B♭   A♭   E♭/G   F

not that way __   The on - ly man __   That I love __   is my dad

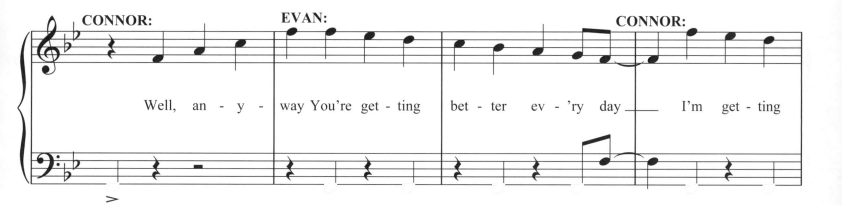

CONNOR: **EVAN:**   **CONNOR:**

Well, an - y - way You're get - ting   bet - ter ev - 'ry day __   I'm get - ting

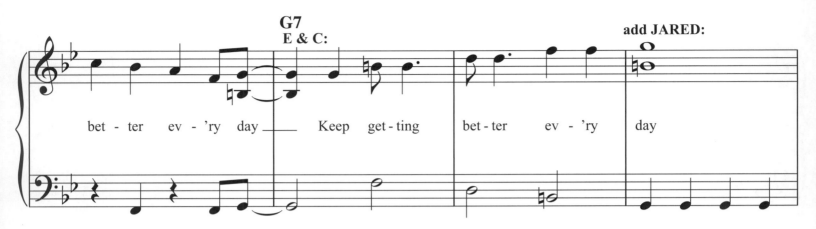

bet - ter ev - 'ry day ___ Keep get - ting bet - ter ev - 'ry day

Hey! Hey! Hey! Hey! ___ 'Cause all that it takes ___ is a lit - tle re - in -

ven - tion ___ It's eas - y to change ___ if you give it

your at - ten - tion ___ All you got - ta do ___ is just be - lieve ___

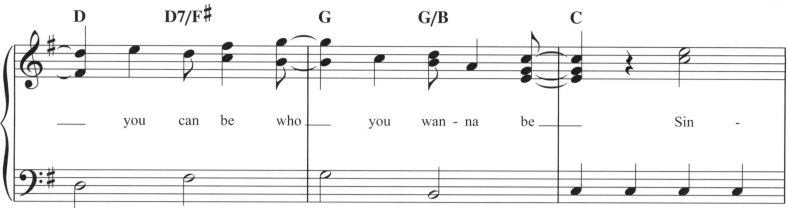

you can be who___ you wan - na be ___ Sin -

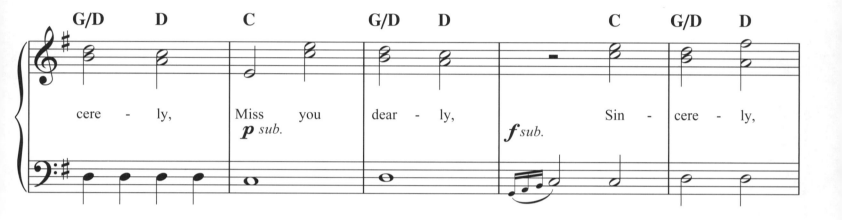

cere - ly, Miss you dear - ly, Sin - cere - ly,

p sub. *f sub.*

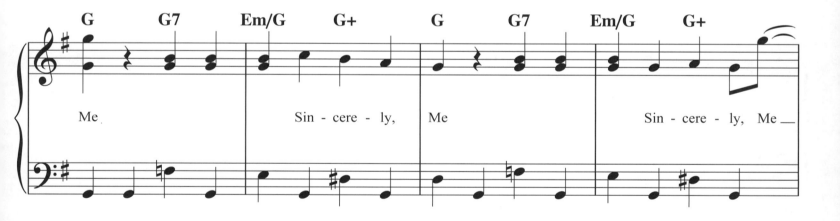

Me Sin - cere - ly, Me Sin - cere - ly, Me ___

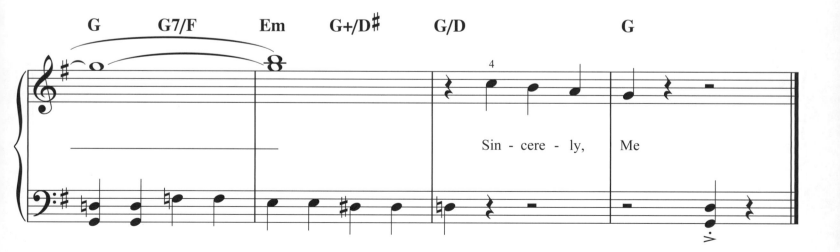

Sin - cere - ly, Me

REQUIEM

Music and Lyrics by BENJ PASEK
and JUSTIN PAUL

Why should I play this game of pre-tend?
I could curl up and hide in my room

Re-

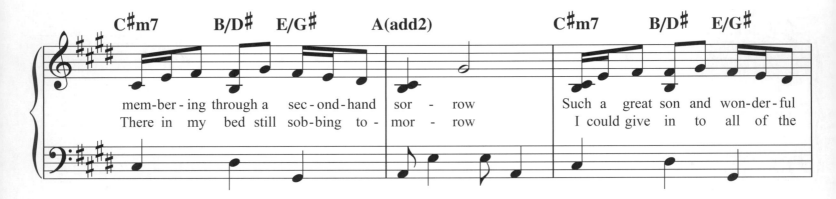

mem-ber-ing through a sec-ond-hand sor-row
There in my bed still sob-bing to-mor-row

Such a great son and won-der-ful
I could give in to all of the

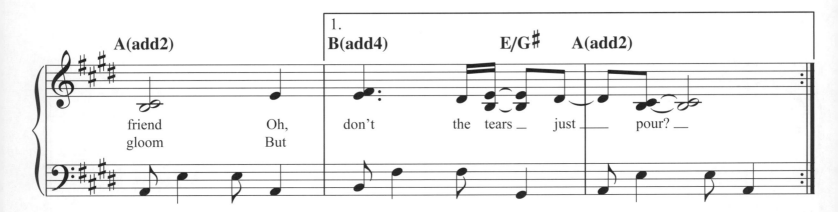

friend   Oh,   don't   the tears __ just __ pour? __
gloom   But

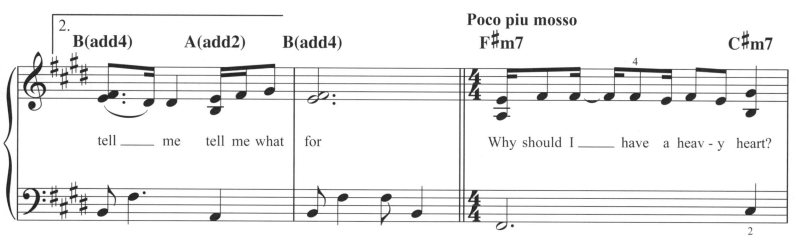

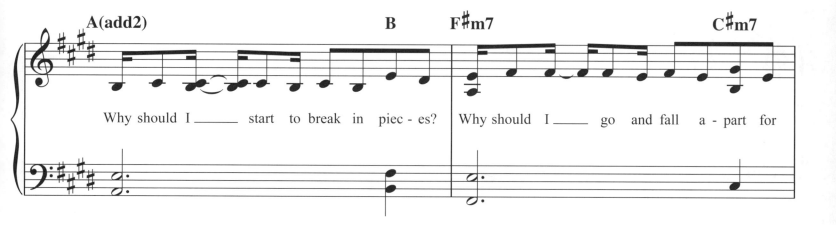

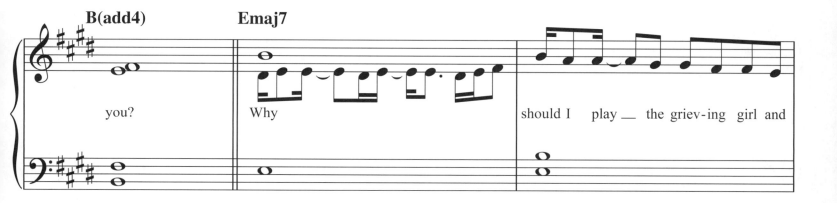

Asus2   **B(add4)**   **F#m7** **E/G#** **F#/A#**

dark with-out __ your _ light? _   I will sing _ no req-ui-em _

Asus2   **C#m7** **E** **A(add2)** **B** **C#m7**   **E**

_   to - night

A(add2) **B** **C#m7** **B/D#** **E/G#** **A(add2)**

LARRY:

I gave you the world, _ you threw it a - way _

C#m7 **B/D#** **E/G#** **A(add2)**   **C#m7** **B/D#** **E/G#**

Leav-ing these bro-ken piec-es be- hind you   Ev-'ry-thing wast - ed, noth-ing to

43

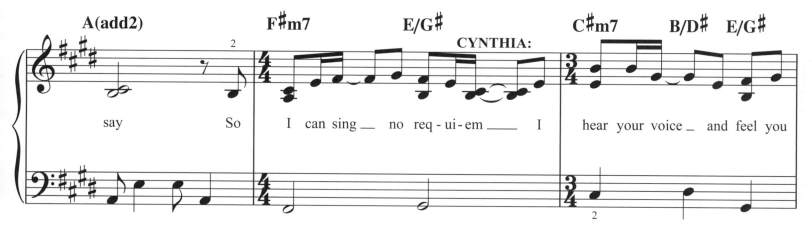

say So I can sing __ no req - ui - em __ I hear your voice __ and feel you

near. With - in ____ these words I fi - nal - ly find you And

now that I know __ that you __ are still here I will sing __ no req - ui - em __ to - night

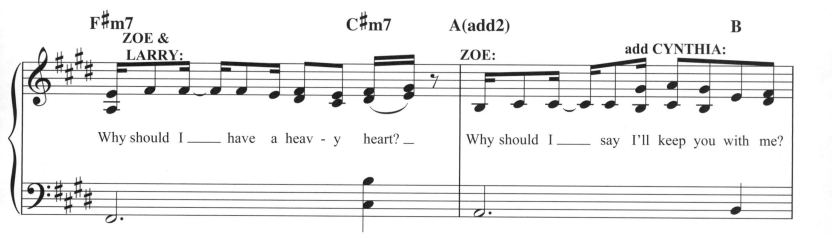

Why should I _____ have a heav - y heart? __ Why should I _____ say I'll keep you with me?

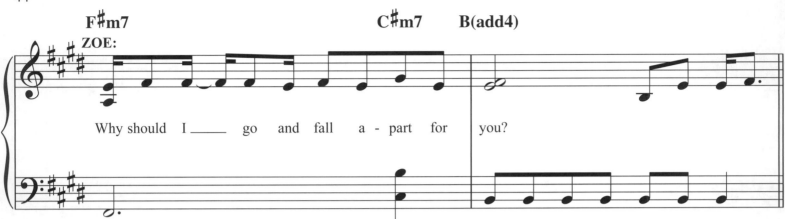

F#m7

ZOE:

Why should I ___ go and fall a-part for you?

C#m7 B(add4)

Poco piu mosso

E

Z, C & L:

f

Why should I play ___ the griev-ing girl and lie

B(add4)

Say-ing that ___ I miss you and that my world ___ has gone dark with-out ___ your ___ light? ___

C#m

Asus2

B(add4)

___

F#m7 E/G# F#/A#

ZOE:

I will sing ___ no req-ui-em ___ to-

Asus2

45

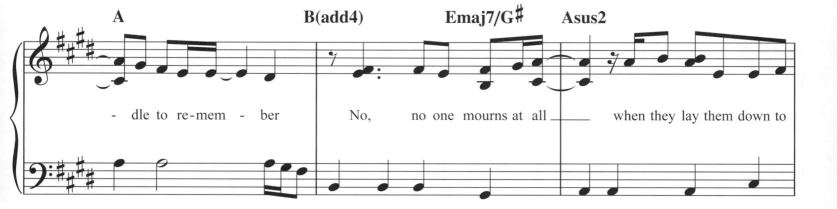

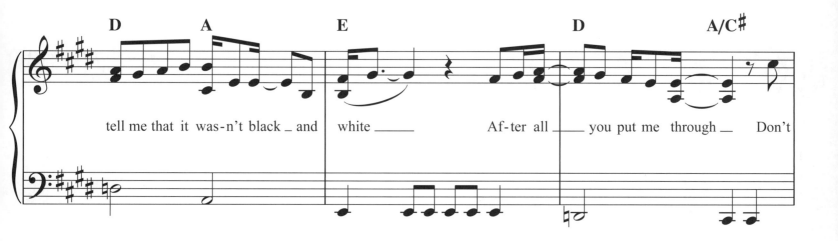

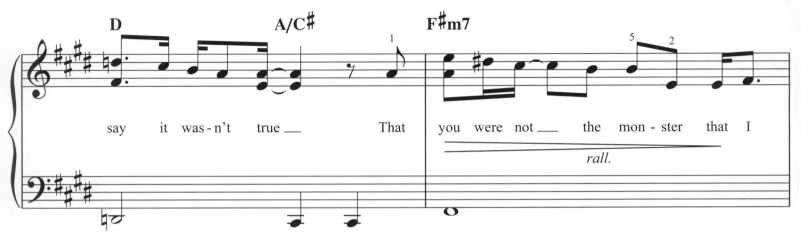

say it was-n't true ___ That you were not ___ the mon-ster that I

knew. 'Cause I can-not play ___ the griev-ing girl and

lie Say-ing that ___ I miss you and that

my world ___ has gone dark...

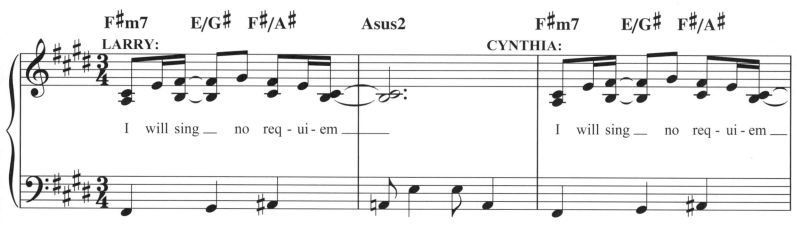

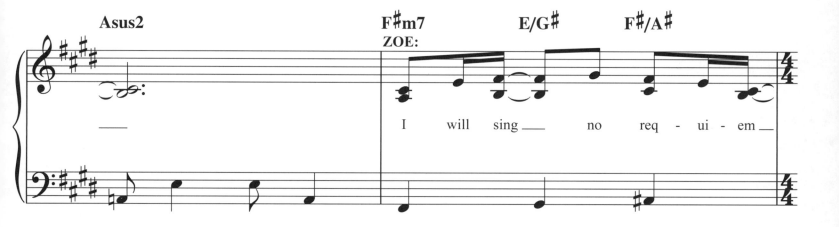

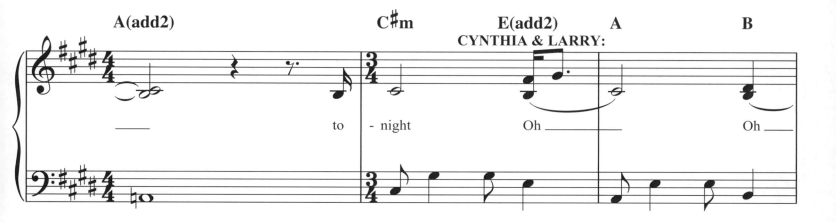

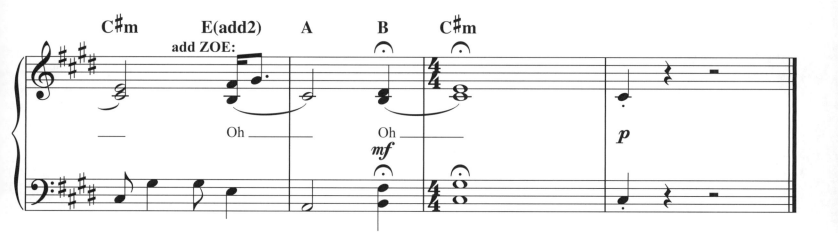

IF I COULD TELL HER

Music and Lyrics by BENJ PASEK
and JUSTIN PAUL

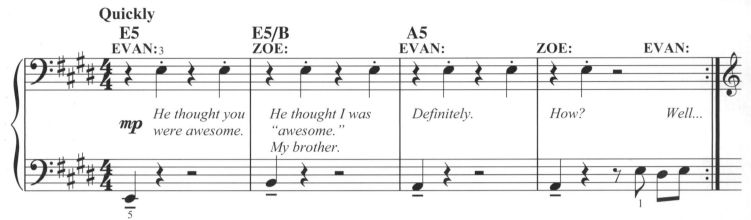

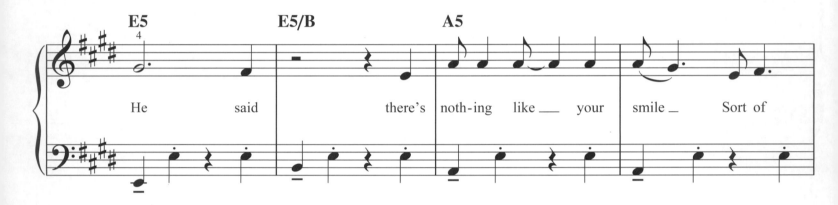

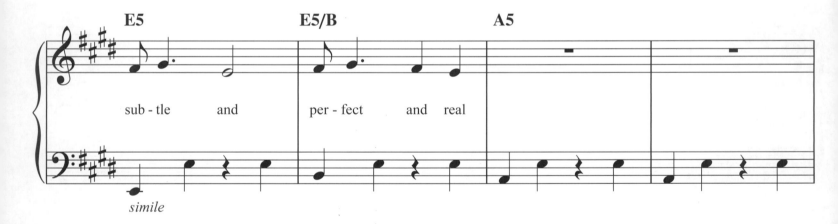

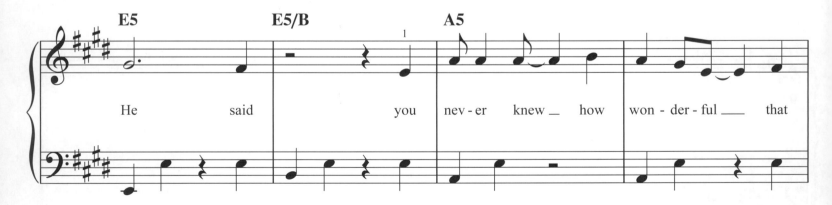

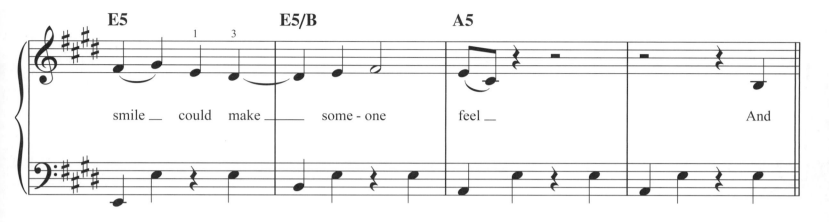

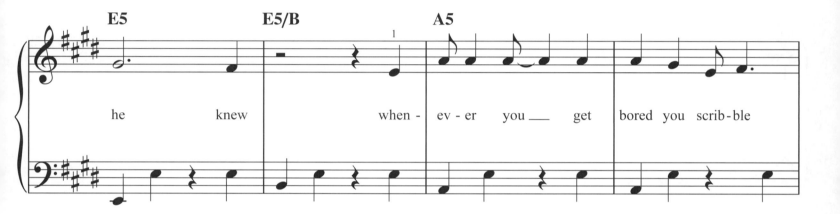

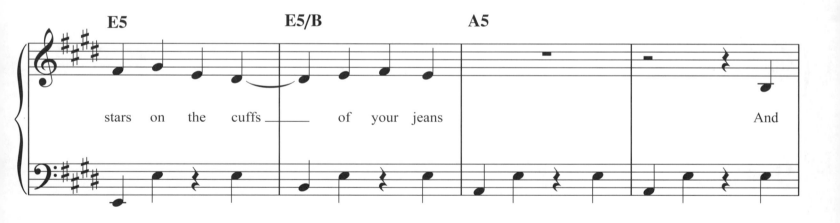

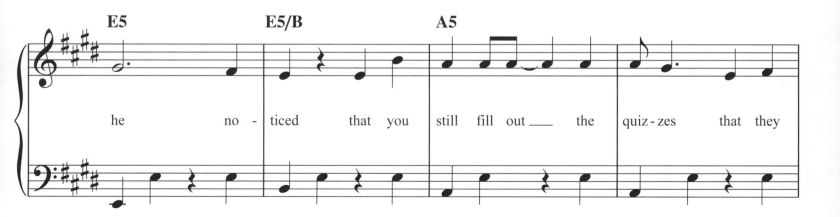

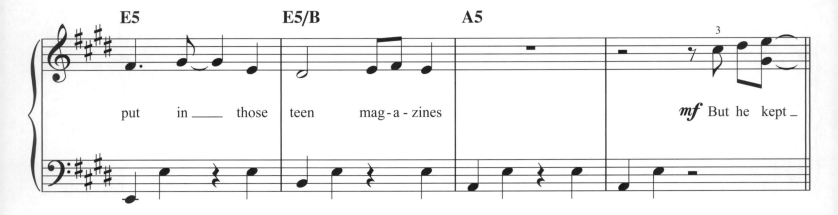

put in ___ those teen mag-a-zines

mf But he kept ___

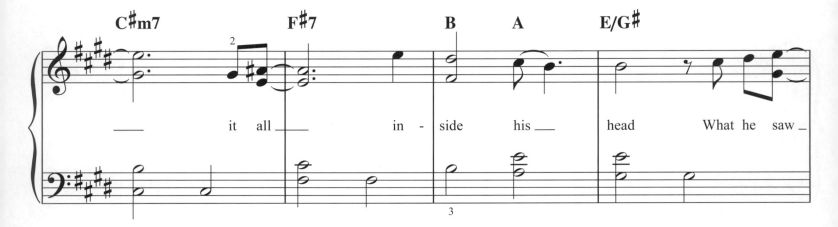

___ it all ___ in - side his ___ head   What he saw ___

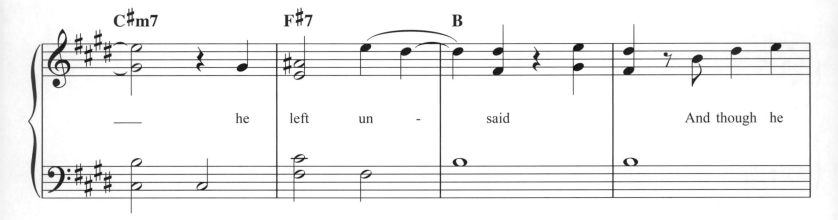

___ he left un - said   And though he

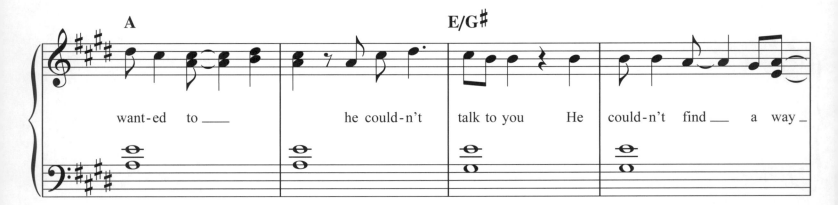

want-ed to ___   he could-n't   talk to you   He could-n't find ___ a way ___

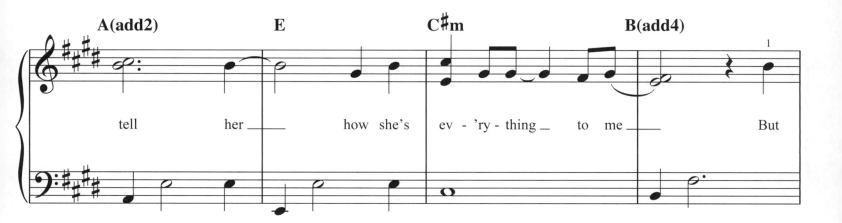

52

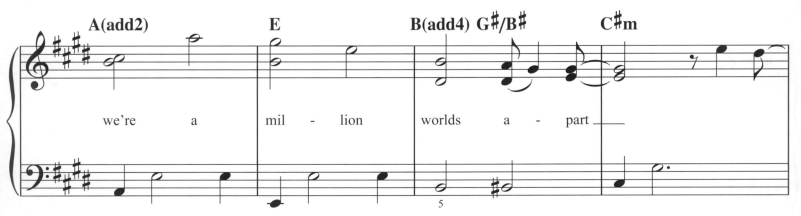

we're a mil - lion worlds a - part ____

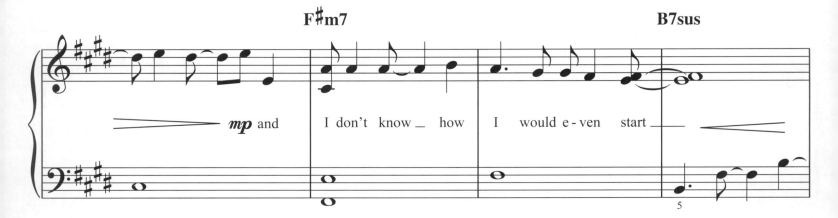

_mp_ and I don't know ___ how I would e - ven start ____

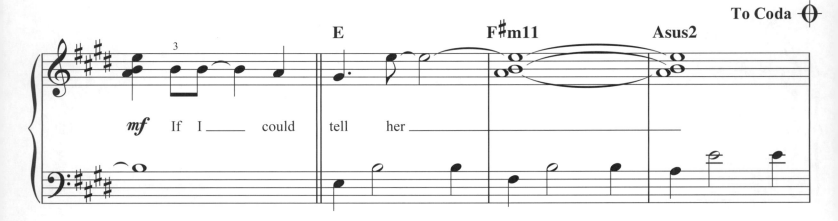

To Coda ⊕

_mf_ If I _____ could tell her _____

If I _____ could tell her" _____

53

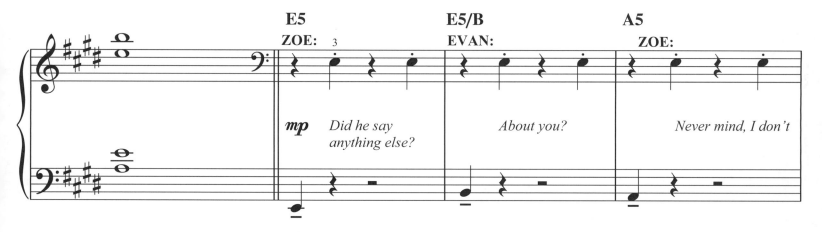

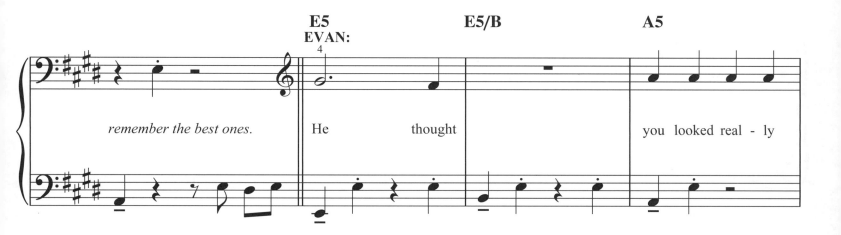

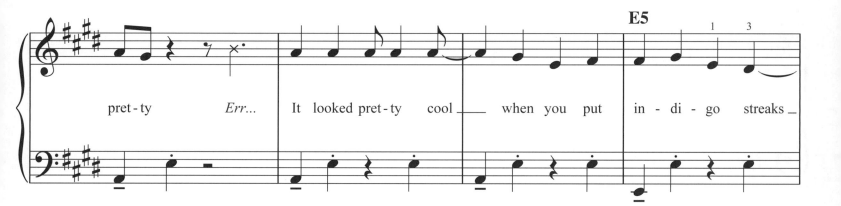

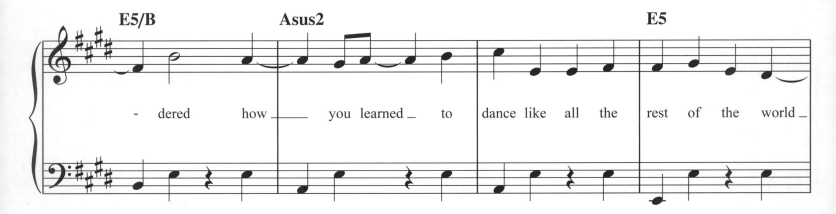

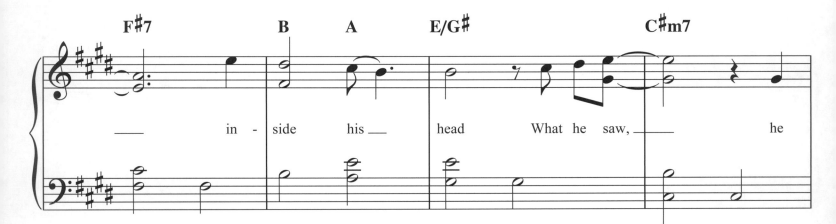

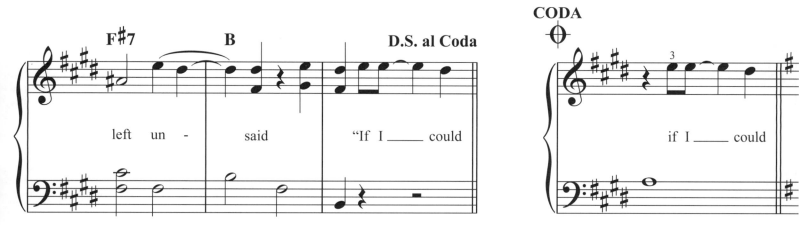

CODA

left un- said   "If I ___ could

if I ___ could

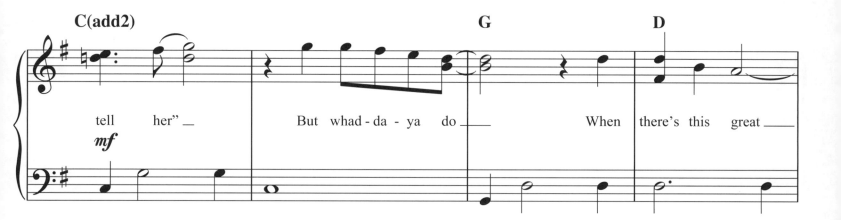

C(add2) ... **G** ... **D**

tell her" ___   But whad-da-ya do ___   When there's this great ___

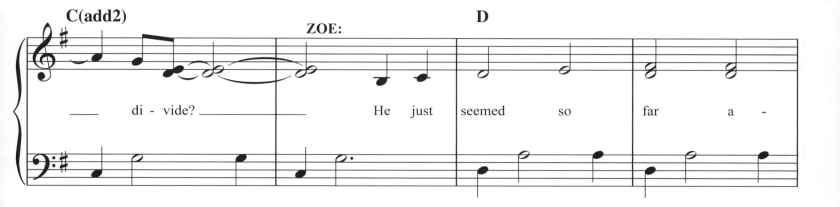

C(add2) ... **ZOE:** ... **D**

___ di - vide? ___   He just seemed   so   far a-

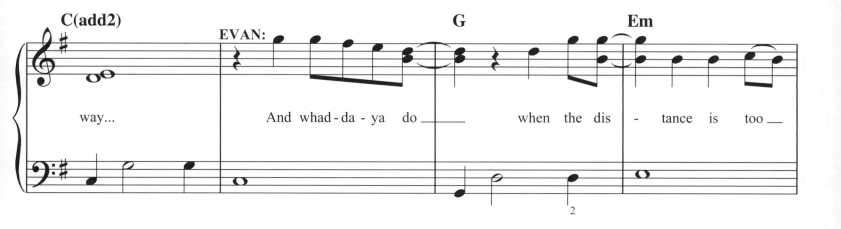

C(add2) ... **EVAN:** ... **G** ... **Em**

way...   And whad-da-ya do ___   when the dis - tance is too ___

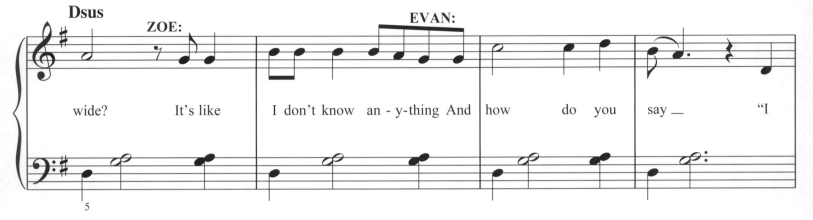

Dsus ZOE: EVAN:

wide? It's like I don't know an - y-thing And how do you say — "I

Csus2

love you? I

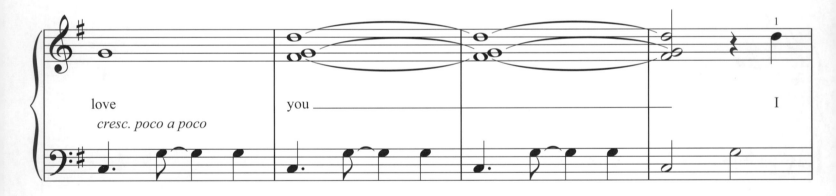

love you I

cresc. poco a poco

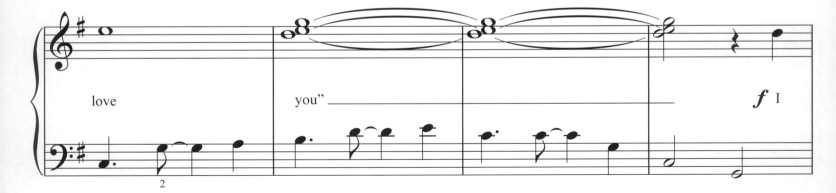

love you" f I

DISAPPEAR

Music and Lyrics by BENJ PASEK
and JUSTIN PAUL

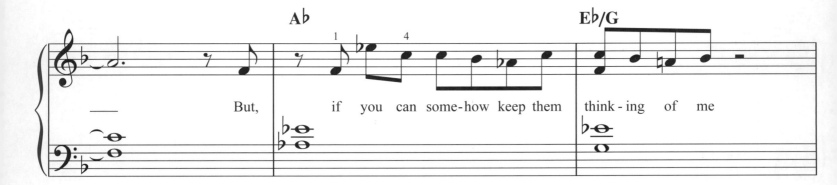

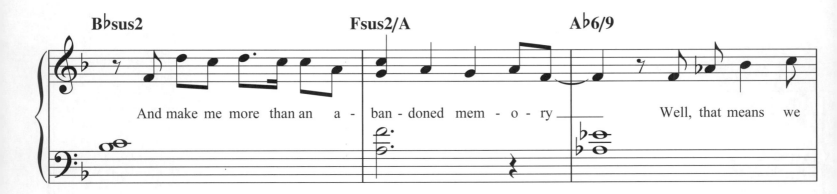

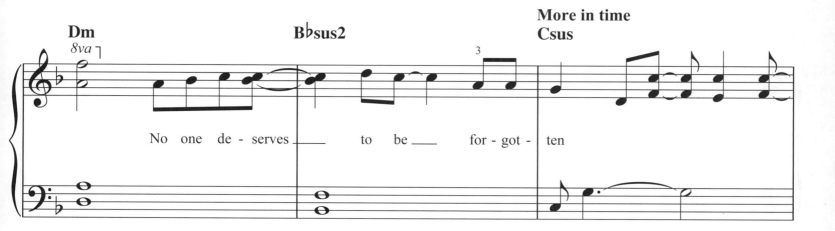

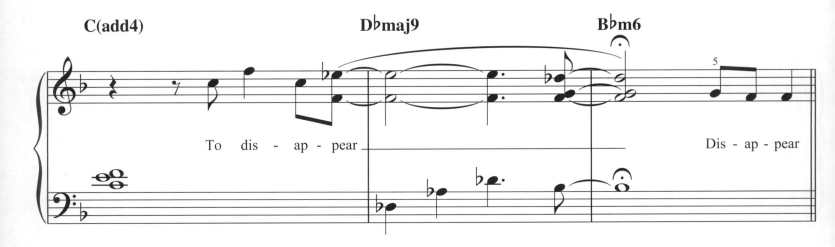

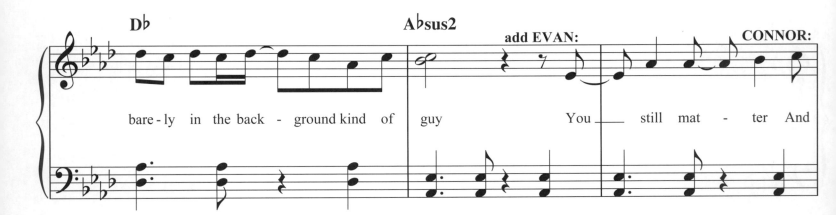

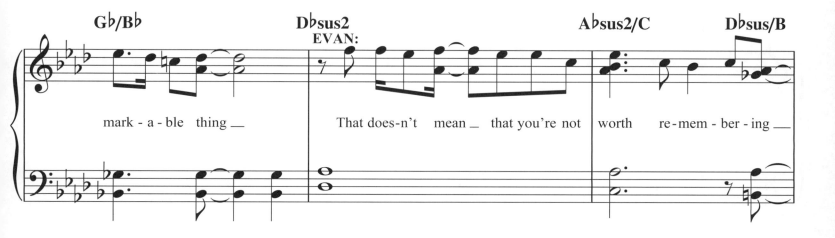

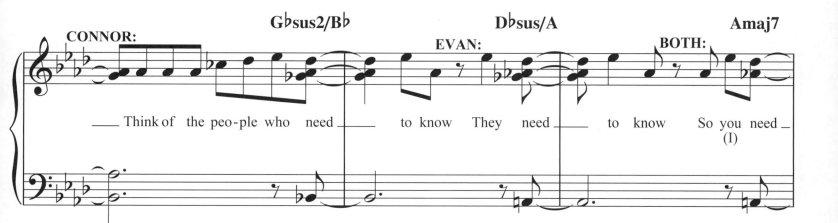

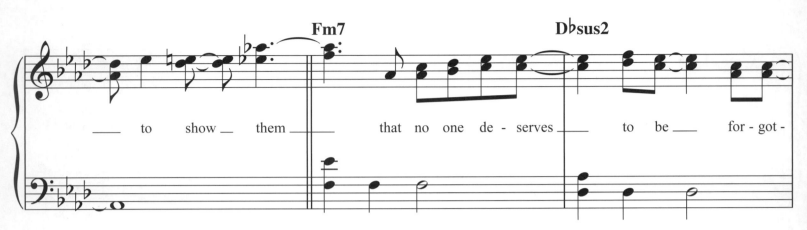

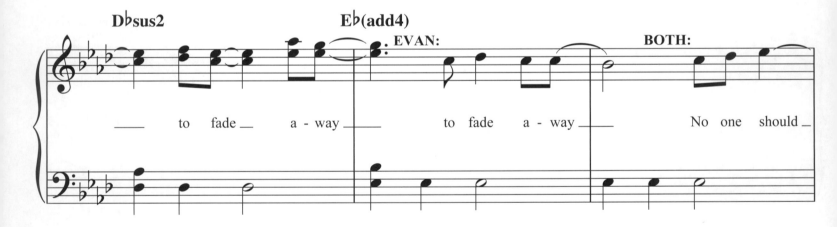

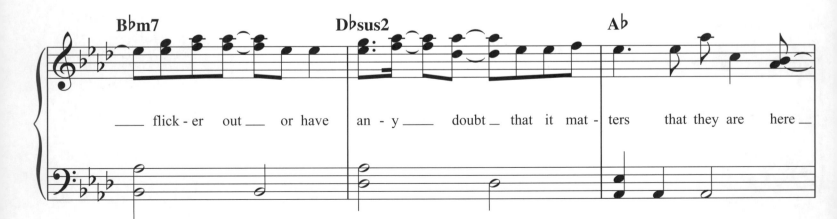

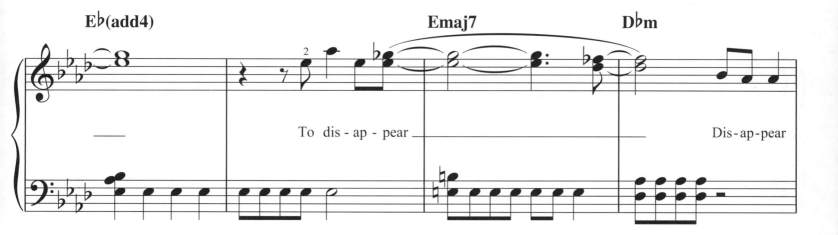

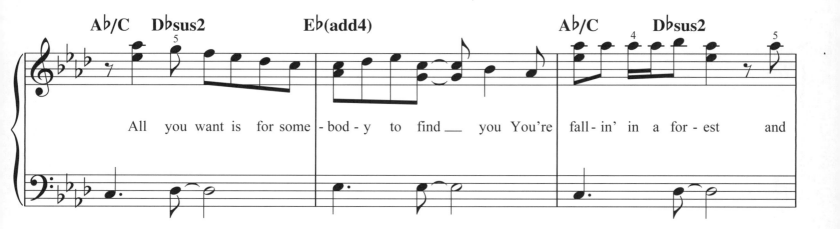

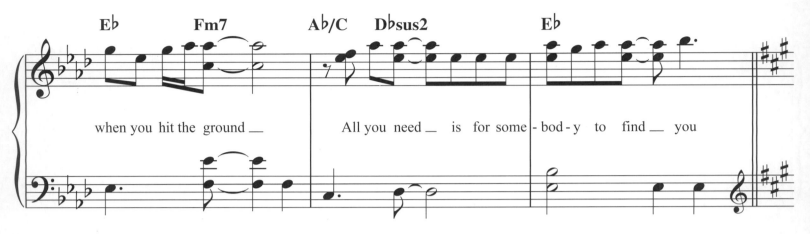

when you hit the ground ___   All you need ___ is for some - bod - y to find ___ you

EVAN: *I'm calling it the Connor Project.*   JARED: *The Connor Project?*   EVAN: *A student group dedicated to keeping*

Connor's memory alive...   *to showing that everybody should matter.*   ALANA: *We have to do this. Not just for*

Connor, for everyone.   EVAN: 'Cause no one de - serves ___ to be ___ for - got -

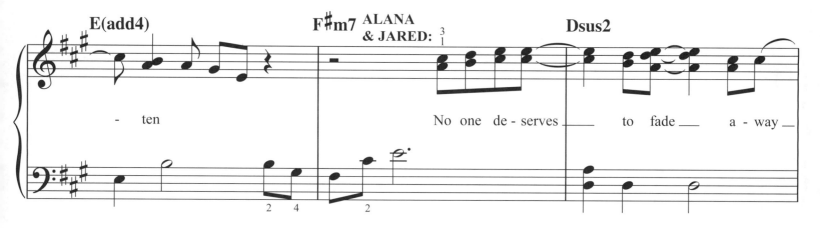

- ten

No one de - serves _____ **to fade** _____ **a - way** _____

EVAN:
We're calling it the Connor Project.

CYNTHIA:
The Connor Project?

EVAN:
Imagine a major online presence.

JARED:
A massive fundraising drive...

ALANA:
And for the kickoff event...

an all-school memorial assembly.

LARRY:
I didn't realize that Connor meant this much to people.

CYNTHIA:
Oh, Evan... this is wonderful!

No one de - serves _____

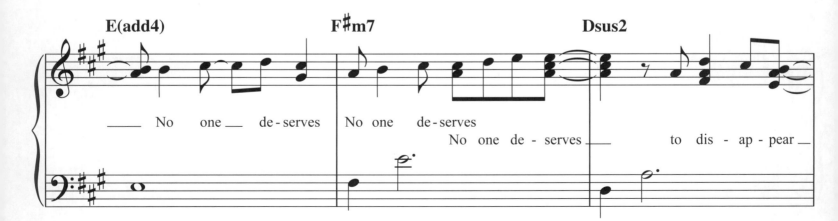

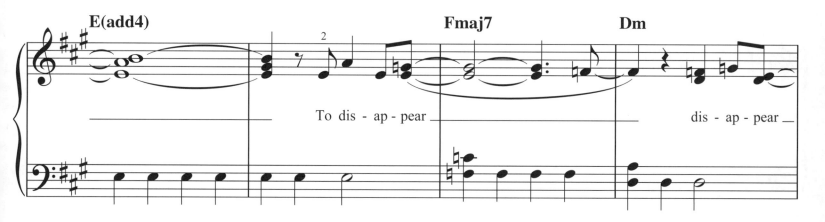

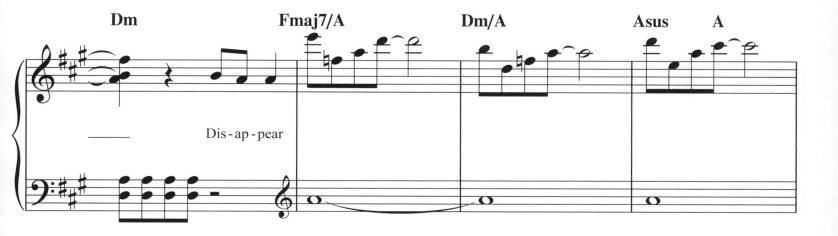

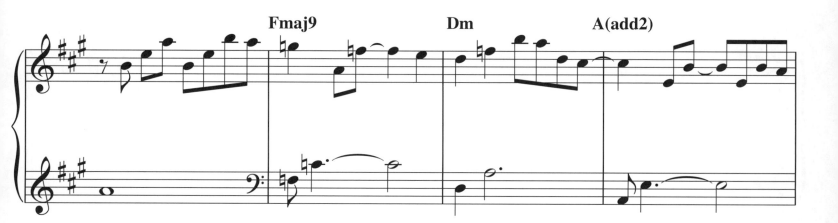

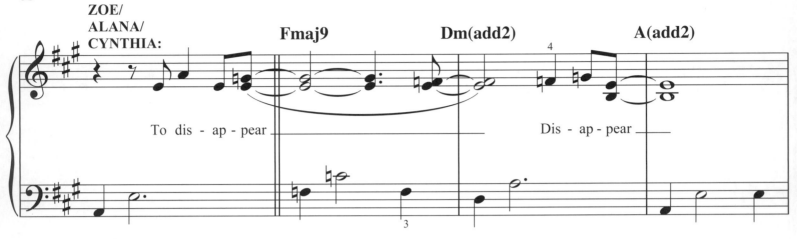

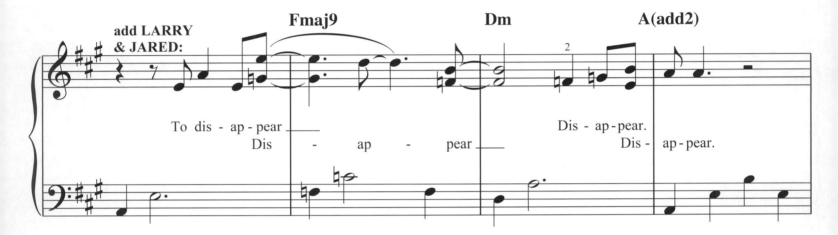

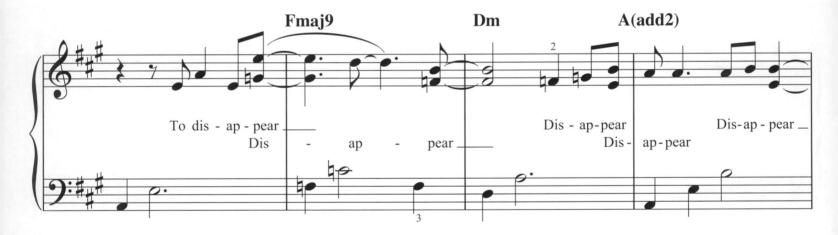

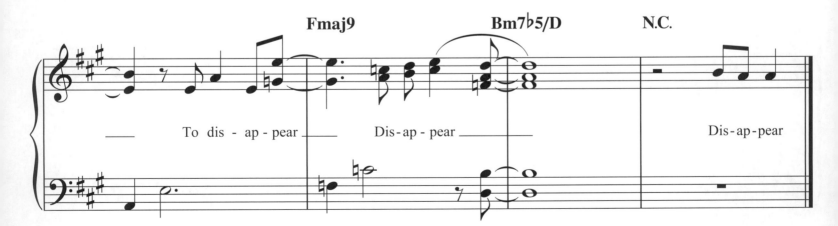

YOU WILL BE FOUND

Music and Lyrics by BENJ PASEK
and JUSTIN PAUL

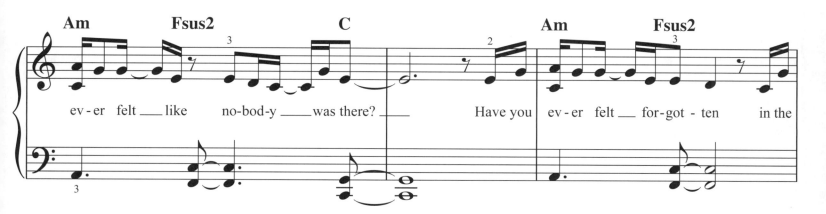

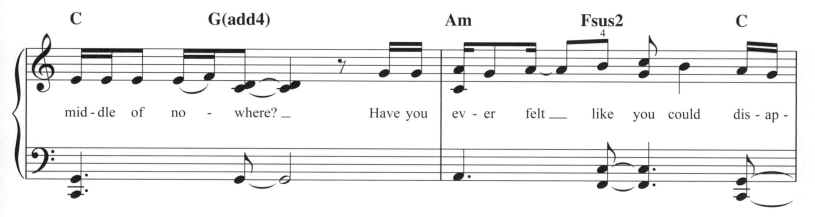

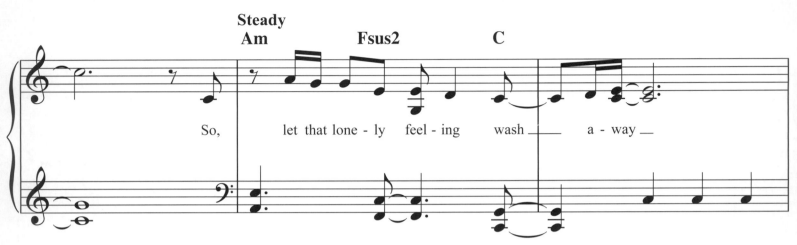

Steady

Am   **Fsus2**   **C**

So,   let that lone - ly   feel - ing   wash ___ a - way ___

Am   **Fsus2**   **C**   **G(add4)**

May - be there's ___ a rea - son   to be - lieve ___ you'll be o - kay ___   'Cause

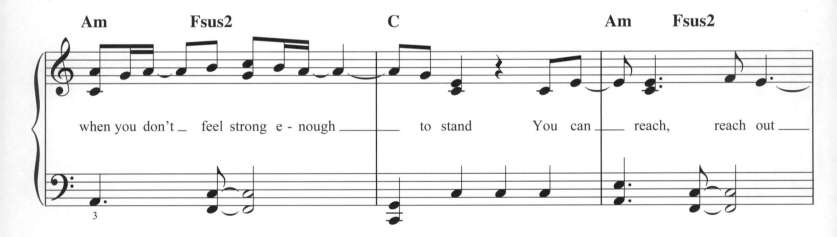

Am   **Fsus2**   **C**   **Am**   **Fsus2**

when you don't ___ feel strong e - nough ___ to stand   You can ___ reach,   reach out ___

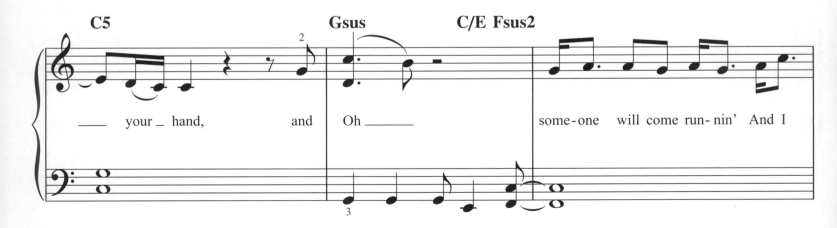

C5   **Gsus**   **C/E Fsus2**

___ your ___ hand,   and   Oh ___   some - one   will come run - nin' And I

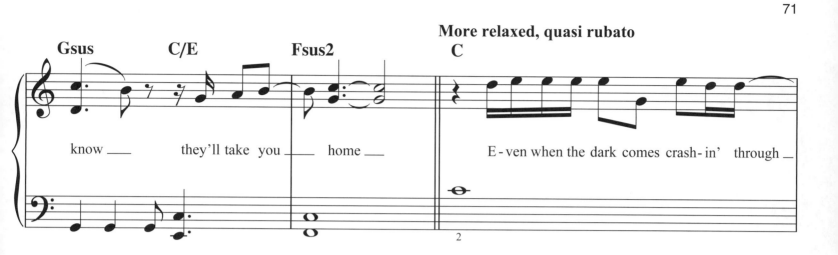

know ___ they'll take you ___ home ___   E-ven when the dark comes crash-in' through ___

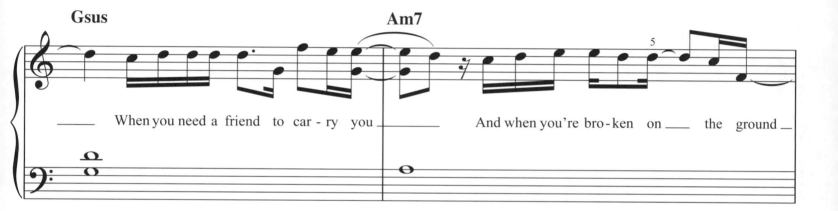

___ When you need a friend to car-ry you ___   And when you're bro-ken on ___ the ground ___

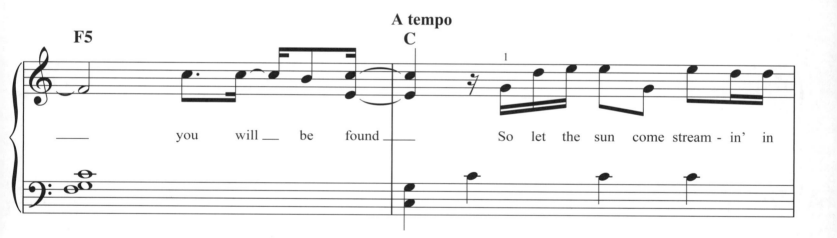

___ you will ___ be found ___   So let the sun come stream-in' in

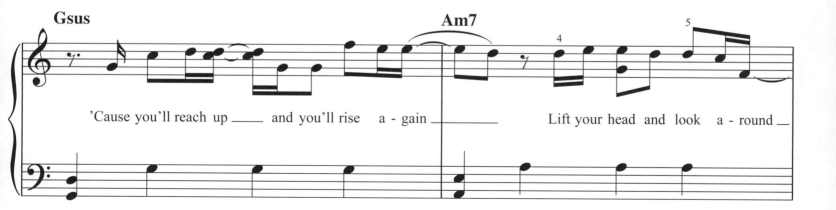

'Cause you'll reach up ___ and you'll rise a-gain ___   Lift your head and look a-round ___

72

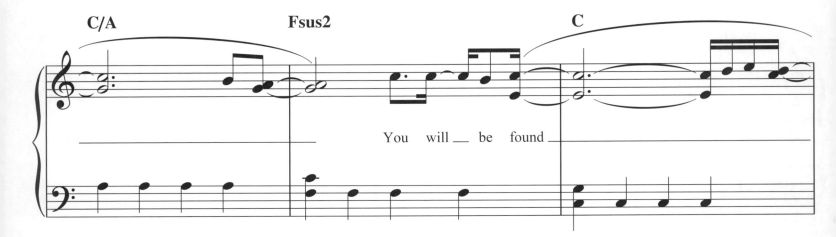

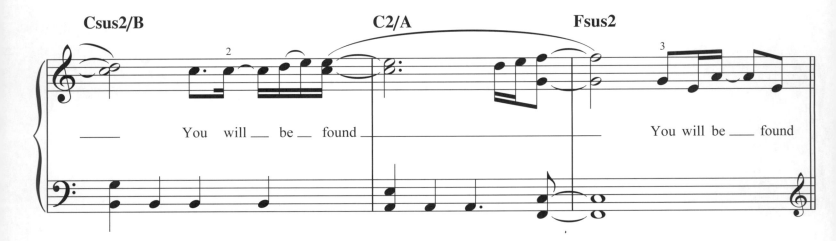

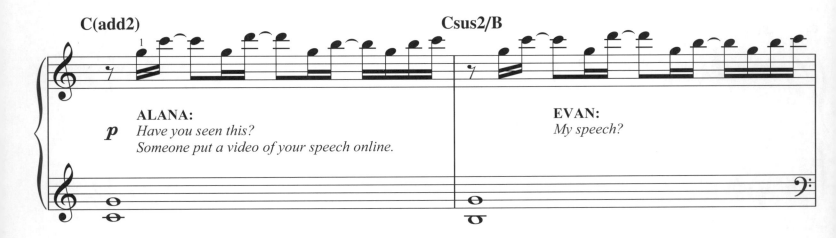

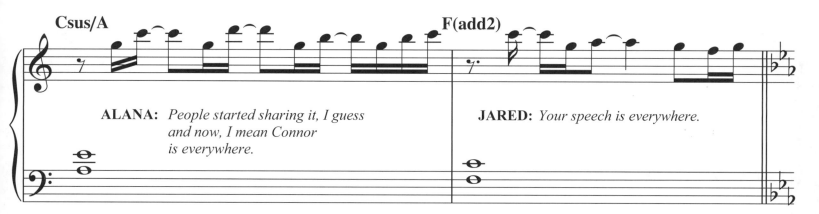

Csus/A ... **F(add2)**

ALANA: *People started sharing it, I guess and now, I mean Connor is everywhere.*

JARED: *Your speech is everywhere.*

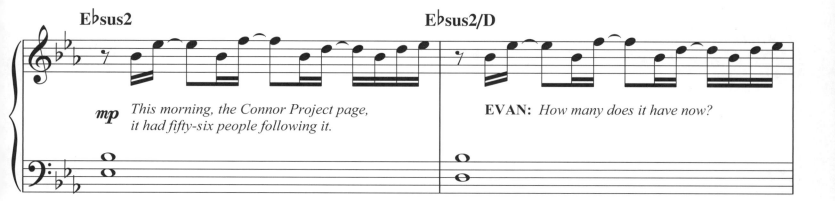

E♭sus2 ... **E♭sus2/D**

mp *This morning, the Connor Project page, it had fifty-six people following it.*

EVAN: *How many does it have now?*

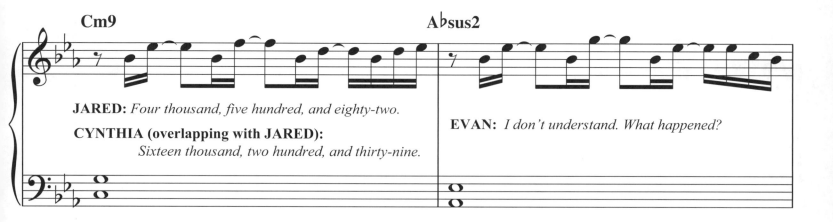

Cm9 ... **A♭sus2**

JARED: *Four thousand, five hundred, and eighty-two.*

CYNTHIA (overlapping with JARED): *Sixteen thousand, two hundred, and thirty-nine.*

EVAN: *I don't understand. What happened?*

ALANA: ... **Cm7** ... **A♭sus2**

CYNTHIA: *You did.*

mf There's a place where we don't have __ to feel __ un-

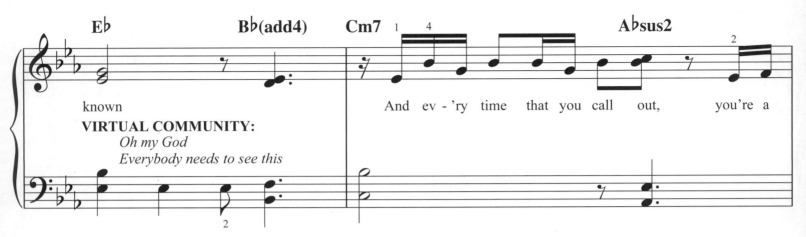

Eb **Bb(add4)** **Cm7**

known

VIRTUAL COMMUNITY:
Oh my God
Everybody needs to see this

Absus2

And ev - 'ry time that you call out, you're a

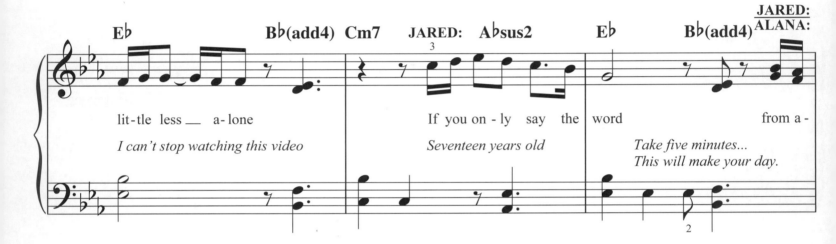

Eb **Bb(add4) Cm7** JARED: **Absus2** **Eb** **Bb(add4)** JARED: ALANA:

lit-tle less __ a- lone

I can't stop watching this video

If you on - ly say the word from a-

Seventeen years old

Take five minutes...
This will make your day.

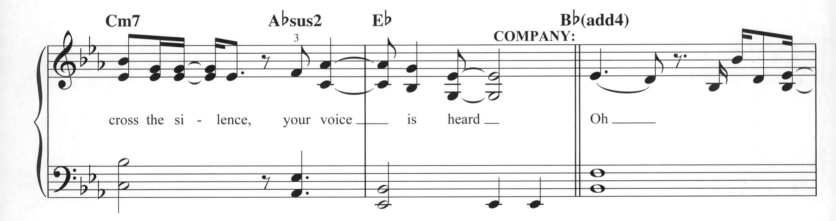

Cm7 **Absus2** **Eb** **Bb(add4)**
COMPANY:

cross the si - lence, your voice __ is heard __ Oh __

Absus2 **Bb(add4)**

Share it with the people you love
Re-Post
The world needs to hear this
A beautiful tribute
Favorite

Oh __

I know someone who really needed to hear this today.
So thank you, Evan Hansen, for doing what you're doing.

Abₛsus2 ... **Bₛ(add4)**

Oh _____ Oh _____

I never met you, Connor, but coming on here, reading everyone's posts...

Abₛsus2 ... **Bₛ(add4)**

some - one will __ come run - nin'

It's so easy to feel alone, but Evan is exactly right...

Oh _____ Oh _____

We're not alone, none of us.

Abₛsus2 ... **Ab/F**

__

Oh _____

some - one will __ come run - nin' __

Like... Forward... Share
Especially now, with
everything you hear in the news.

Like... Share... Re-Post
Forward
Thank you, Evan Hansen...

Ab

Oh _____

some - one will __ come run - nin' __

To take you home __ to take you home

... for giving us a space
to remember Connor.
To be together

To find each other.
Share
Sending prayers from Michigan

Vermont... Tampa... Sacramento.
Thank you, Evan Hansen

Some-one will come run-nin' to take you home _ To take you home _ To take you home _

Re-Post... Watch until the end
Thank you, Evan Hansen

This video is everything right now
All the feels... Thank you, thank you

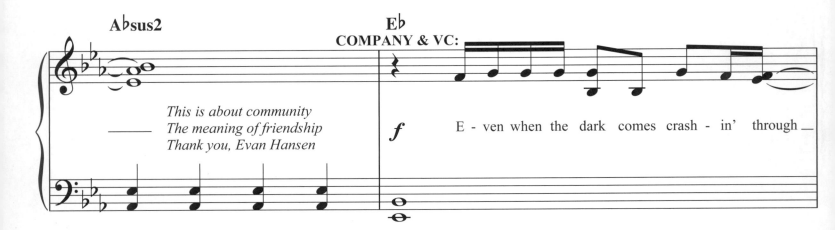

Absus2

Eb
COMPANY & VC:

This is about community
The meaning of friendship
Thank you, Evan Hansen

f

E - ven when the dark comes crash - in' through _

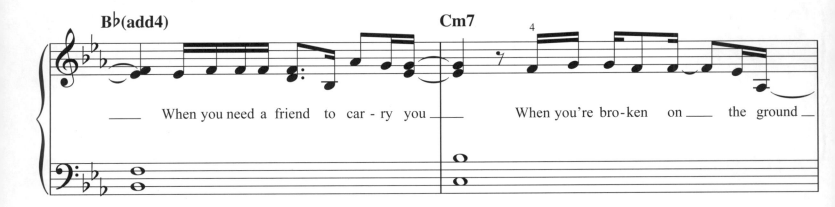

Bb(add4)

Cm7

When you need a friend to car-ry you _ When you're bro-ken on _ the ground _

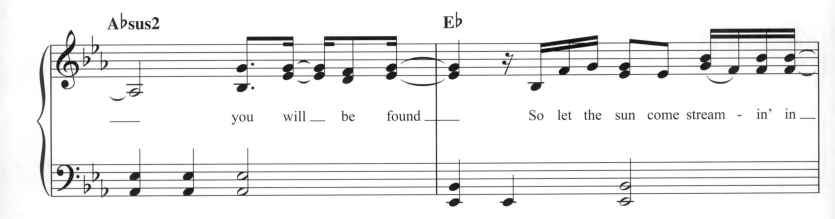

Absus2

Eb

_ you will _ be found _ So let the sun come stream - in' in _

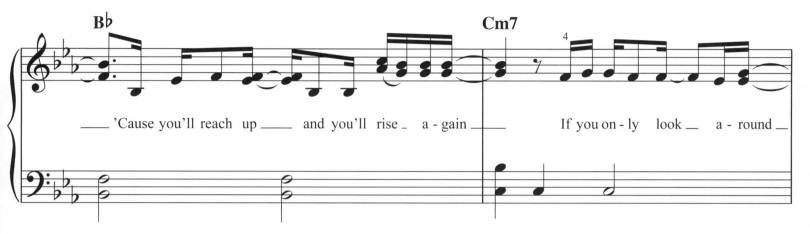

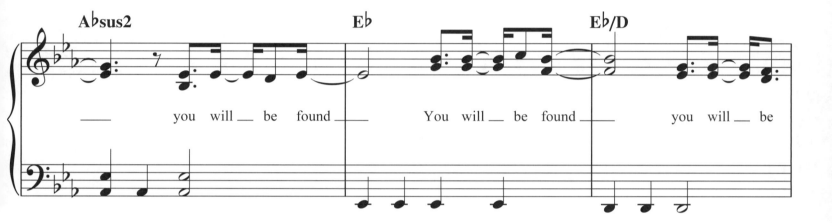

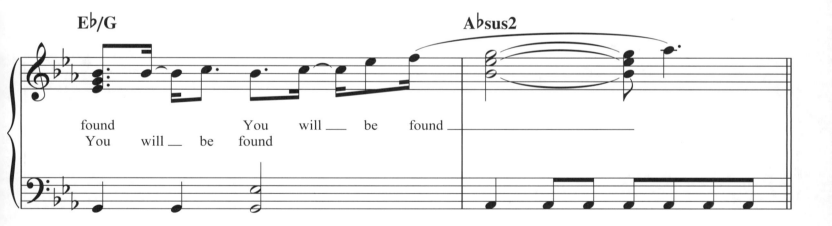

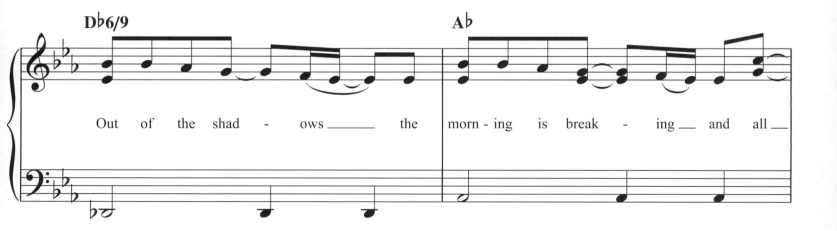

78

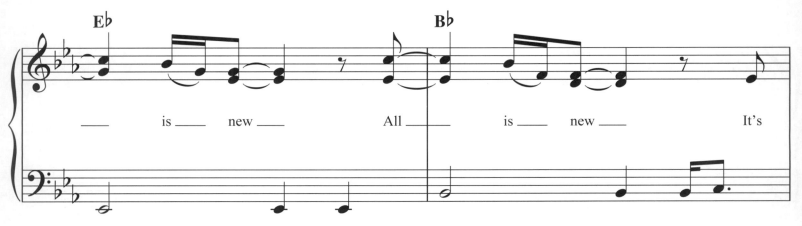

is ___ new ___ All ___ is ___ new ___ It's

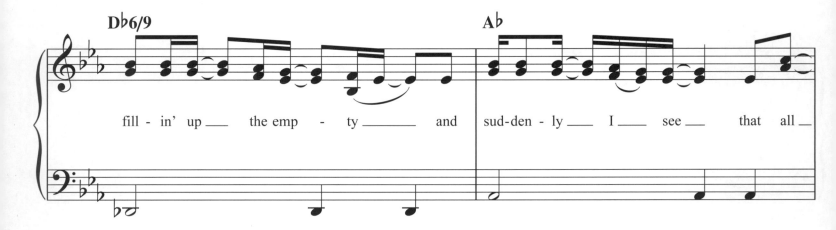

fill - in' up ___ the emp - ty ___ and sud-den - ly ___ I ___ see ___ that all ___

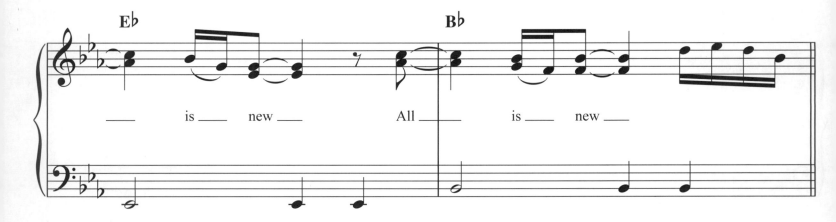

is ___ new ___ All ___ is ___ new ___

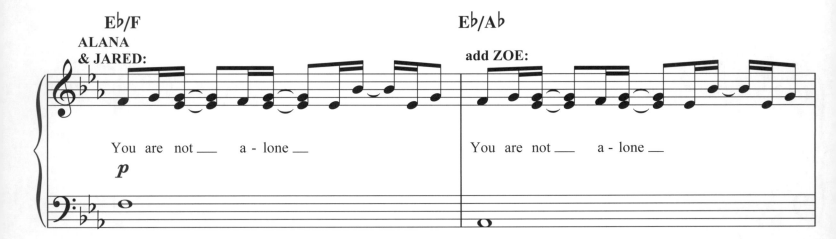

ALANA & JARED:

You are not ___ a - lone ___

p

add ZOE:

You are not ___ a - lone ___

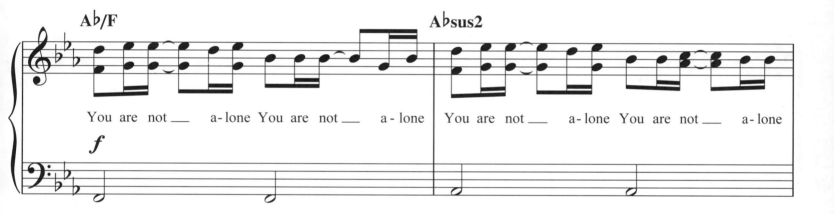

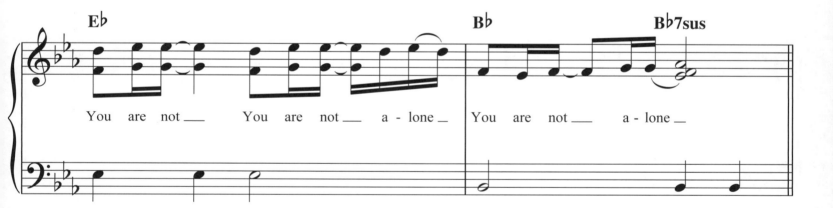

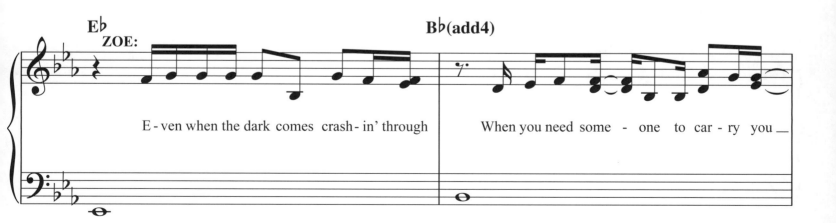

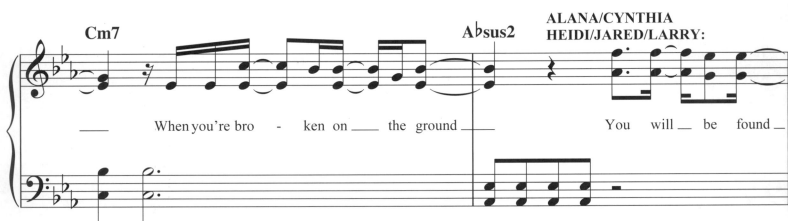

When you're bro - ken on ___ the ground ___

ALANA/CYNTHIA HEIDI/JARED/LARRY:

You will __ be found __

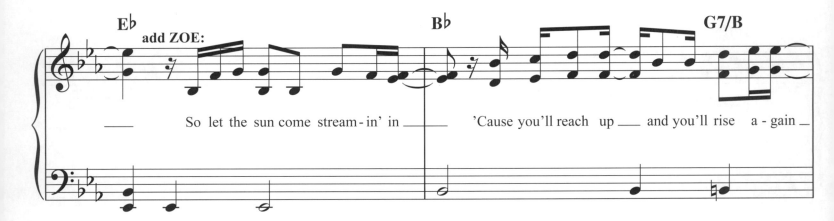

add **ZOE:**

So let the sun come stream - in' in ___

'Cause you'll reach up ___ and you'll rise a - gain

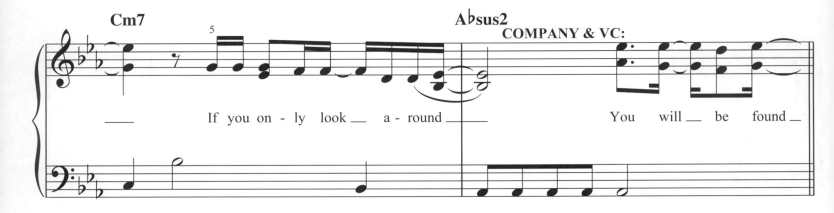

If you on - ly look __ a - round ___

COMPANY & VC:

You will __ be found __

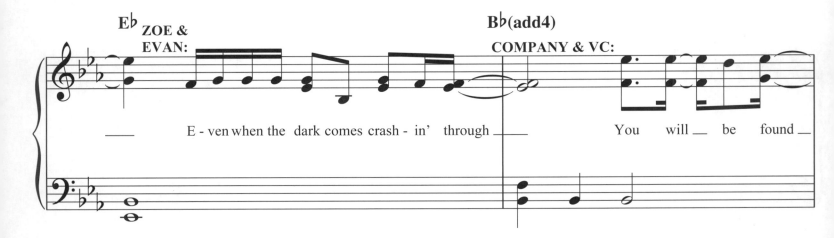

ZOE & EVAN:

E - ven when the dark comes crash - in' through ___

COMPANY & VC:

You will __ be found __

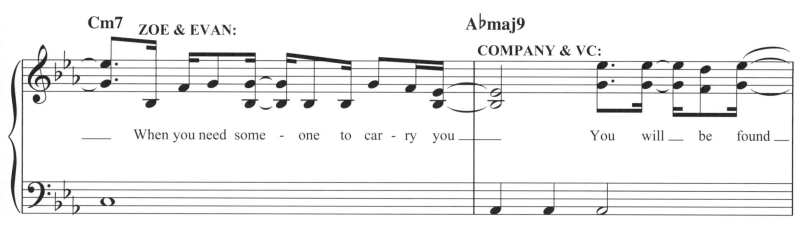

When you need some - one to car - ry you _____ You will __ be found __

_____ You will __ be found

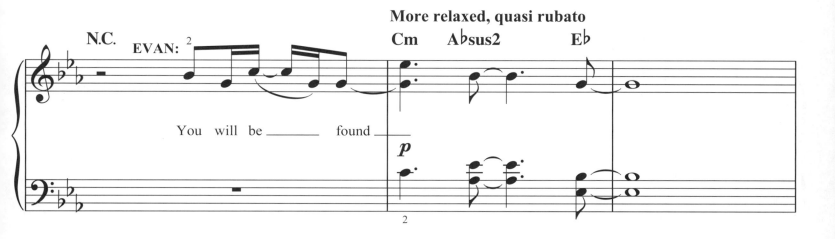

More relaxed, quasi rubato

You will be _____ found __

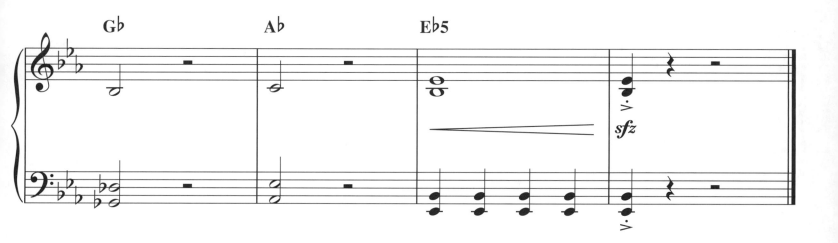

TO BREAK IN A GLOVE

Music and Lyrics by BENJ PASEK
and JUSTIN PAUL

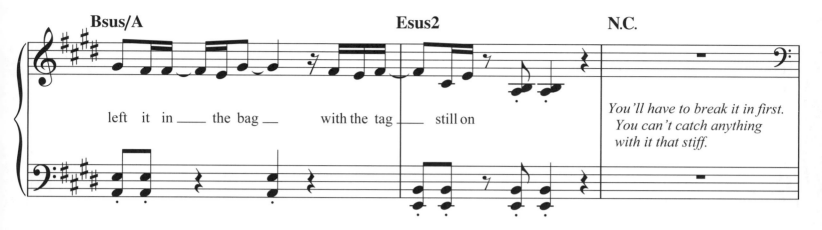

left it in ___ the bag ___ with the tag ___ still on

You'll have to break it in first. You can't catch anything with it that stiff.

EVAN:

LARRY:

How do you break it in?

Well...

It's all a pro-cess that is real-ly quite pre-cise A sort of

se-cret meth-od known ___ to ver-y few So, if you're in the mar - ket for

pro-fes-sion-al ad-vice Well, to - day could be ___ a luck-y day ___ for you

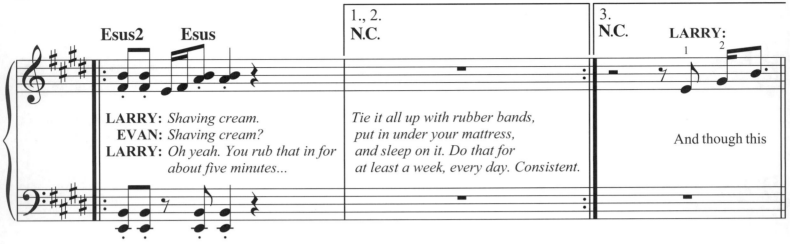

LARRY: *Shaving cream.*
EVAN: *Shaving cream?*
LARRY: *Oh yeah. You rub that in for about five minutes...*

Tie it all up with rubber bands, put in under your mattress, and sleep on it. Do that for at least a week, every day. Consistent.

LARRY:
And though this

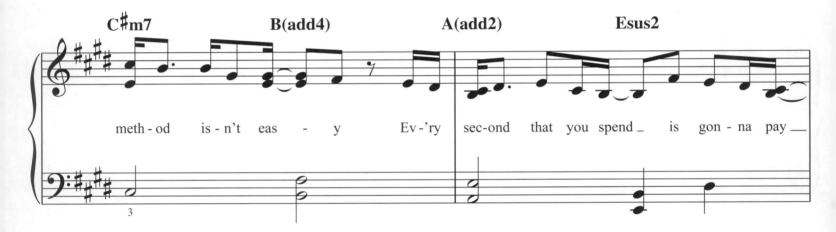

meth - od is - n't eas - y Ev -'ry sec - ond that you spend __ is gon - na pay __

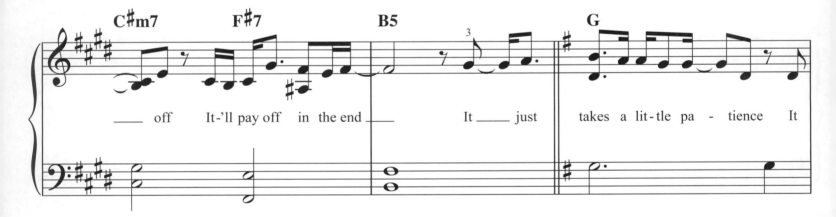

__ off It -'ll pay off in the end __ It __ just takes a lit - tle pa - tience It

takes a lit - tle time __ A lit - tle per - se - ver - ance And a lit - tle up - hill climb You

might not think __ it's worth it You | might be‑gin __ to doubt But you can't __ take an‑y short ‑ cuts

you got‑ta stick it out And it's __ the | hard way But it's __ the | right way __ The

right way _____ | To break in a glove | *With something like this, you have to be*

ready to put in the work. | *Make the commitment... So, what do you think?* | *I mean, definitely.*

Some peo-ple say, __ "Just use a mi-cro-wave Or try that

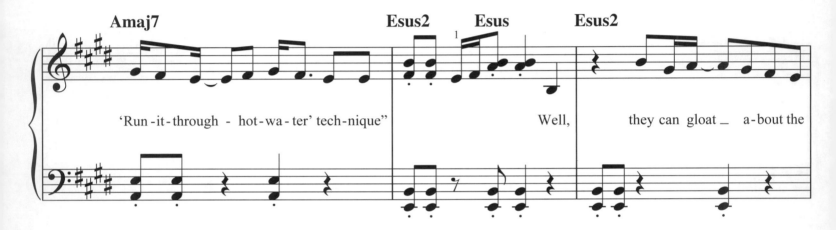

'Run -it-through - hot-wa-ter' tech-nique" Well, they can gloat __ a-bout the

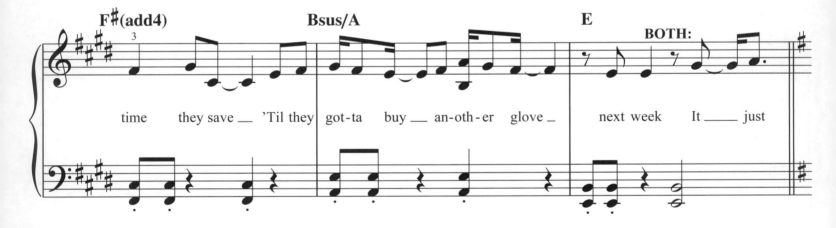

time they save __ 'Til they got-ta buy __ an-oth-er glove __ next week It ____ just

takes a lit-tle pa - tience It takes a lit-tle time __ A lit-tle per-se-ver-ance And a

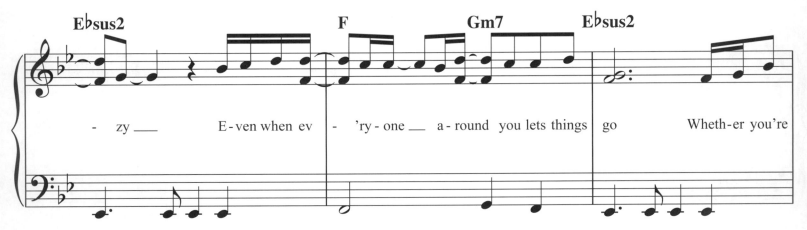

-zy ___ E-ven when ev - 'ry-one ___ a-round you lets things go Wheth-er you're

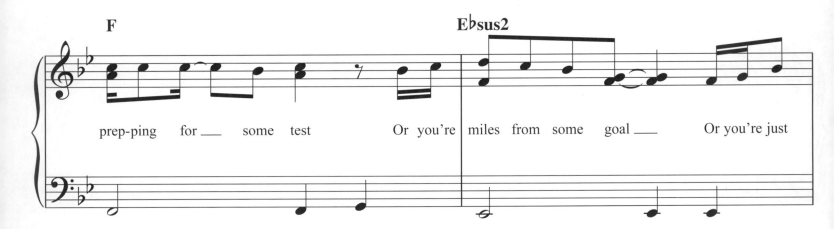

prep-ping for ___ some test Or you're miles from some goal ___ Or you're just

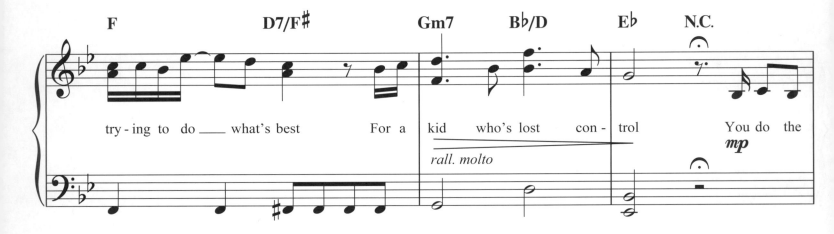

try-ing to do ___ what's best For a kid who's lost con - trol You do the

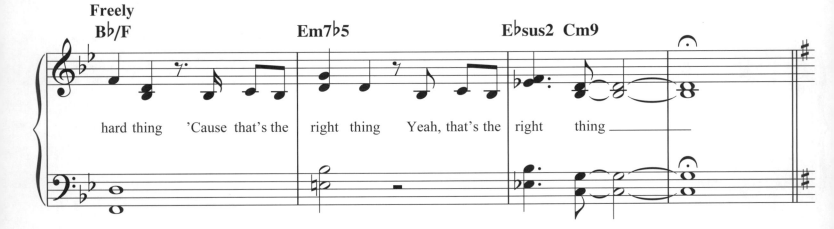

hard thing 'Cause that's the right thing Yeah, that's the right thing ___

A tempo

EVAN: *Connor was really lucky... to have a dad who cared so much about... taking care of stuff.*

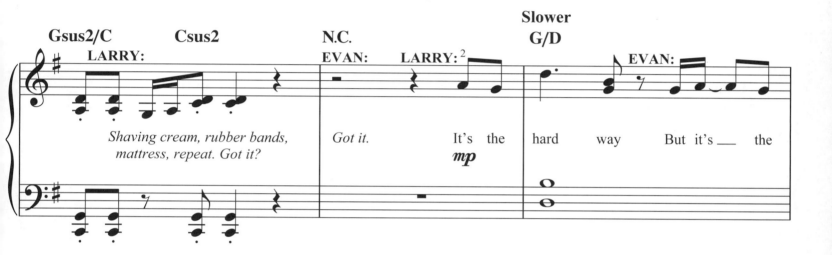

LARRY: *Shaving cream, rubber bands, mattress, repeat. Got it?* EVAN: Got it. LARRY: It's the hard way EVAN: But it's — the

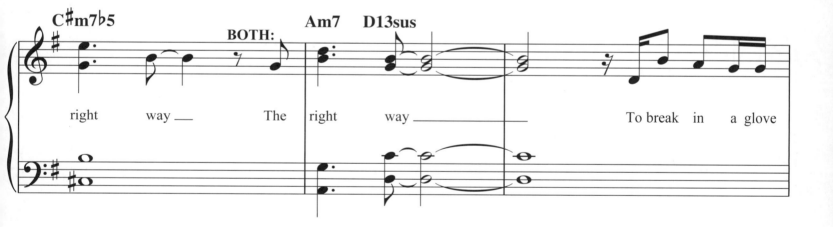

right way — The right way — To break in a glove

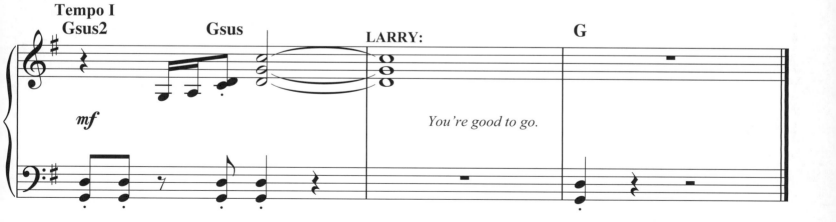

Tempo I

LARRY: *You're good to go.*

ONLY US

Music and Lyrics by BENJ PASEK
and JUSTIN PAUL

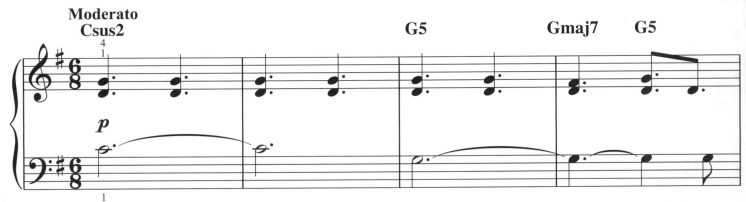

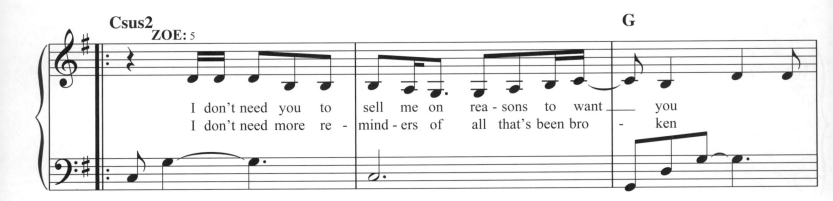

I don't need you to sell me on rea - sons to want you
I don't need more re - mind - ers of all that's been bro - ken

I don't need you to search for the proof that I
I don't need you to fix what I'd rath - er for -

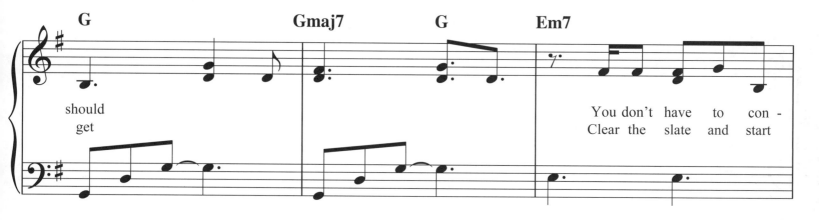

should
get

You don't have to con -
Clear the slate and start

vince me
o - ver

You don't have to be
Try to qui - et the

scared you're not e -
nois - es in your

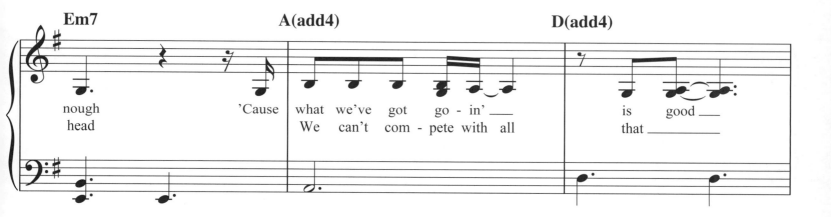

nough
head

'Cause
We

what we've got go - in' ___
can't com - pete with all

is good ___
that _____

So what if it's us? What if it's us and

Gsus/A

on - ly us? And what came be - fore _____ won't count an - y - more,

D(add4)   **G(add2)**

_____ or mat - ter _____ Can we try _____ that? _____ What if it's

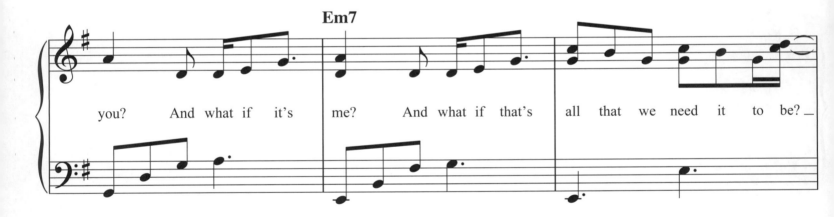

Em7

you? And what if it's me? And what if that's all that we need it to be? _____

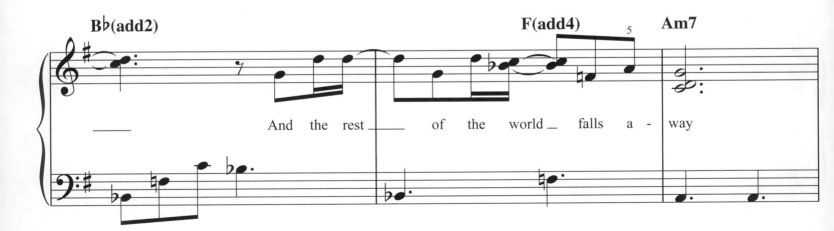

Bb(add2)   **F(add4)**   **Am7**

_____ And the rest _____ of the world _____ falls a - way

93

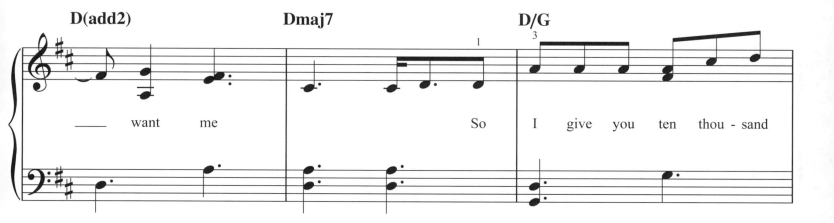

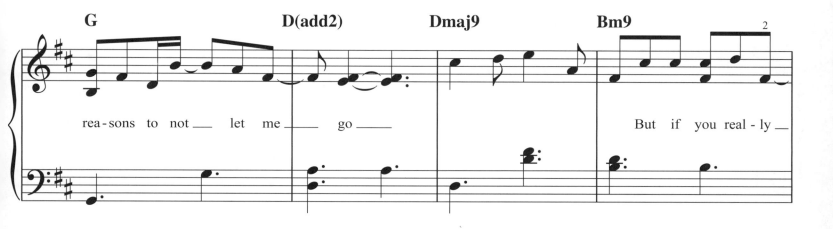

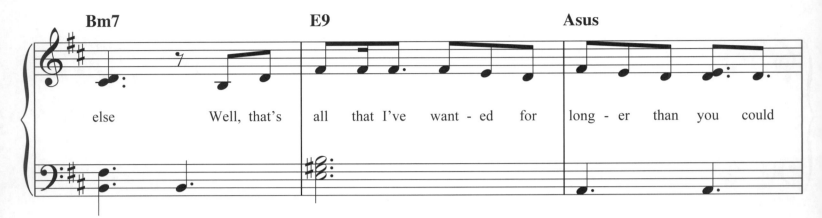

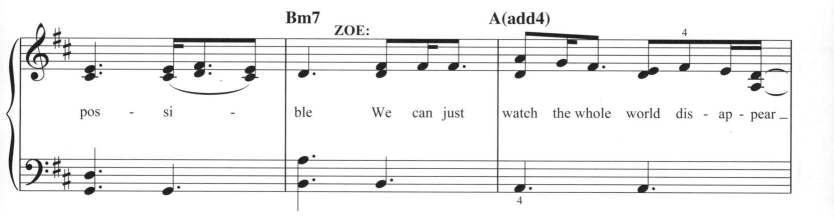

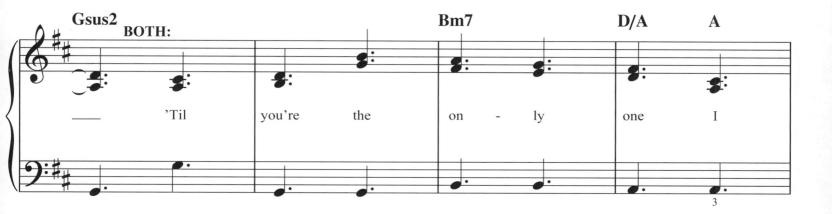

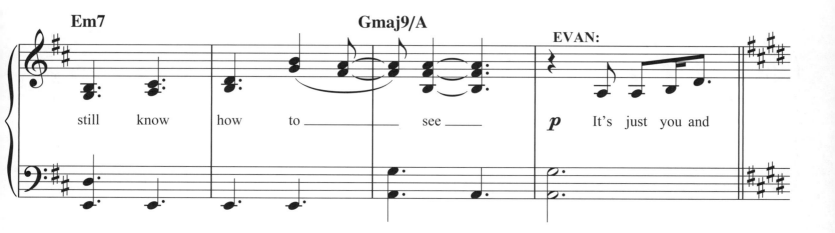

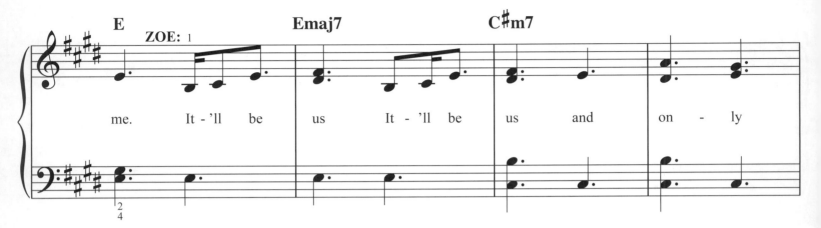

me. It -'ll be us It -'ll be us and on - ly

us And what came be - fore won't count an - y - more,

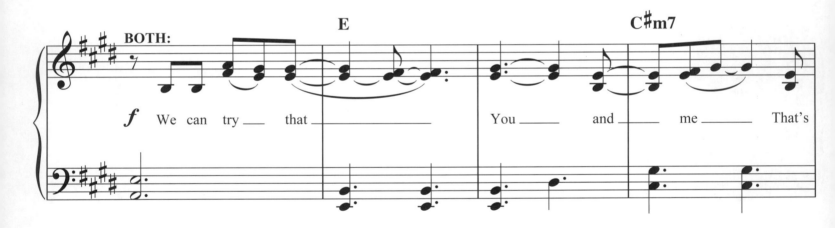

We can try __ that __ You __ and __ me __ That's

all that we need it to be __ And the rest __ of the world __ falls a - way __

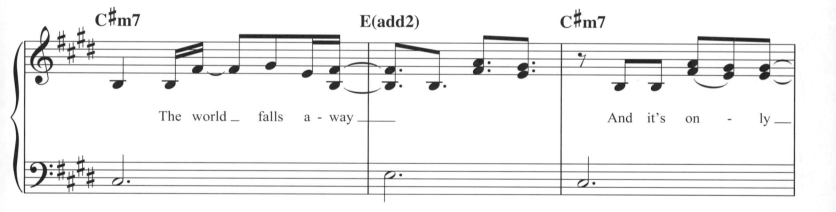

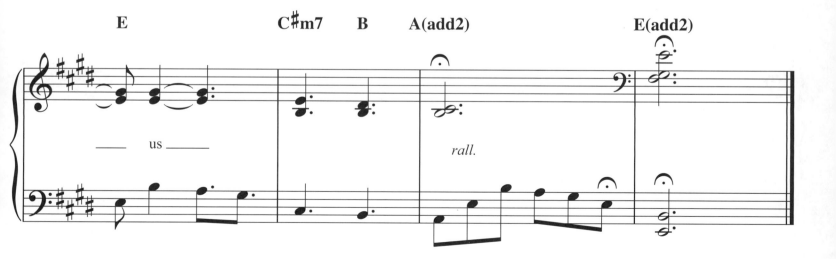

GOOD FOR YOU

Music and Lyrics by BENJ PASEK
and JUSTIN PAUL

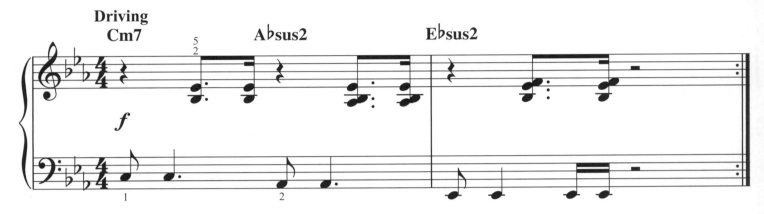

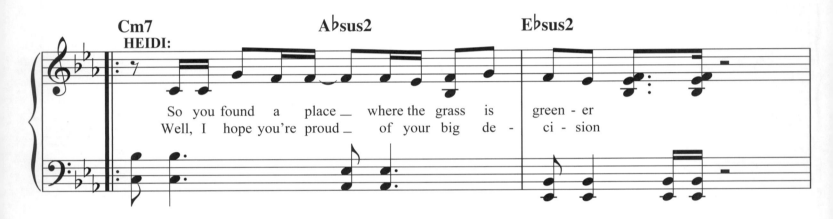

So you found a place ___ where the grass is green-er
Well, I hope you're proud ___ of your big de - ci - sion

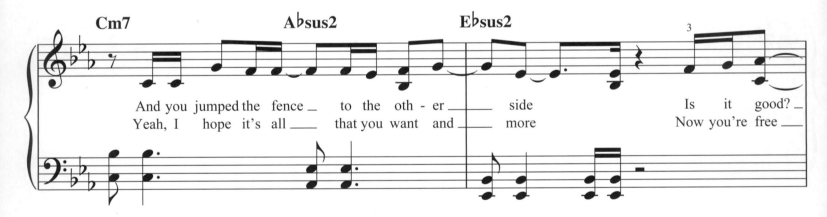

And you jumped the fence ___ to the oth - er ___ side   Is it good? ___
Yeah, I hope it's all ___ that you want and ___ more   Now you're free ___

___ Are they giv-ing you a world ___   I could nev - er ___ pro - vide?
___ From the ag - o - niz - ing life ___

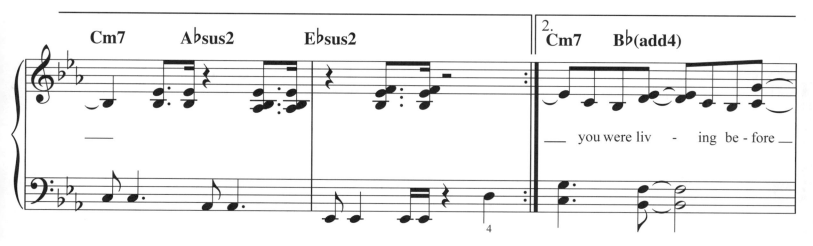

Cm7   Abbsus2   Ebsus2   2. Cm7   Bb(add4)

_____ you were liv - ing be - fore _____

Abmaj7   Fm7   Cm7

_____   And you say what you need to say   So that you get to walk a - way

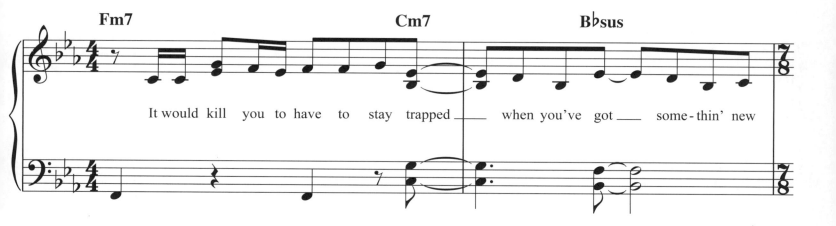

Fm7   Cm7   Bbsus

It would kill you to have to stay trapped _____ when you've got _____ some-thin' new

Fm7   Cm7   Db

Well I'm sor - ry you had it rough   And I'm sor - ry I'm not e - nough _____ Thank God _____ they res -

100

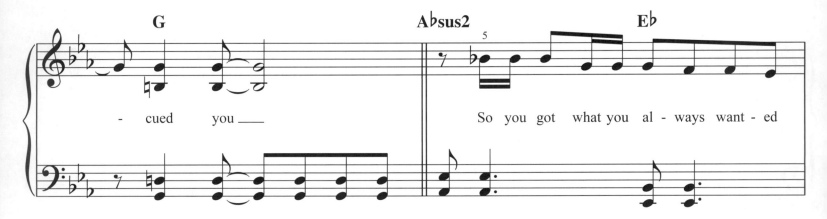

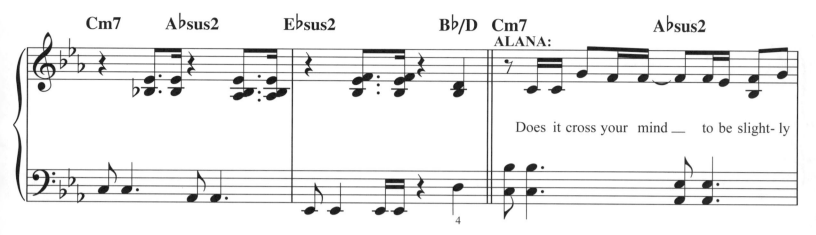

102

Fm7 ... **Cm7** ... **B♭sus**

And if some-bod-y's in your way, crush ___ them and leave ___ them be-hind

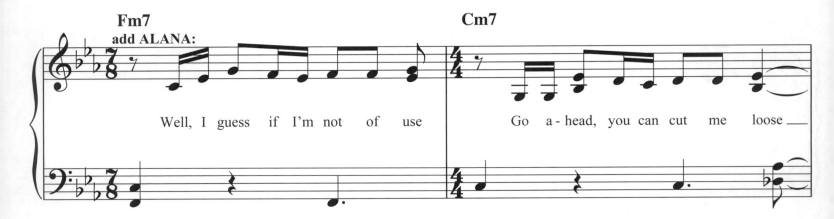

Fm7 ... **Cm7**

add ALANA:

Well, I guess if I'm not of use Go a-head, you can cut me loose ___

D♭ ... **G** ... **A♭sus2**

HEIDI:

___ Go a-head ___ now I ___ won't mind ___ I'll shut my mouth and I'll let

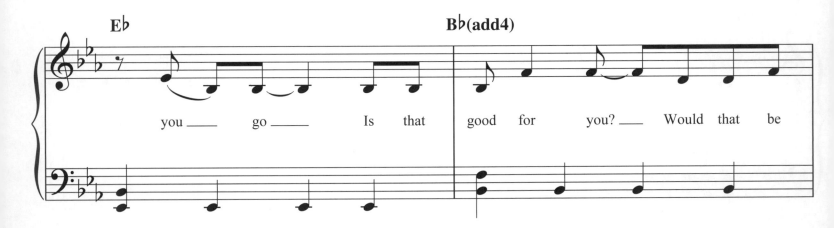

E♭ ... **B♭(add4)**

you ___ go ___ Is that good for you? ___ Would that be

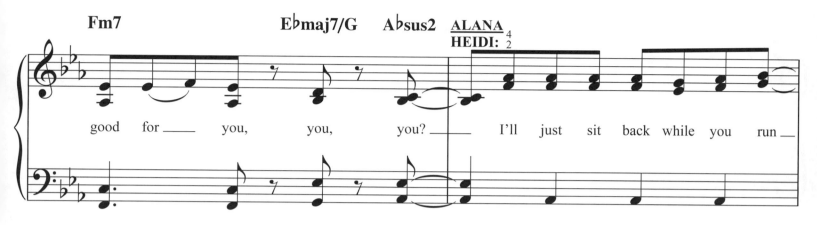

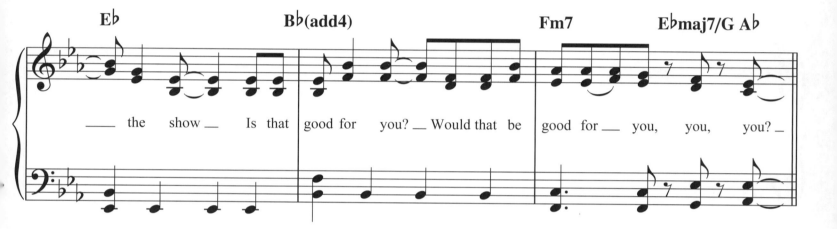

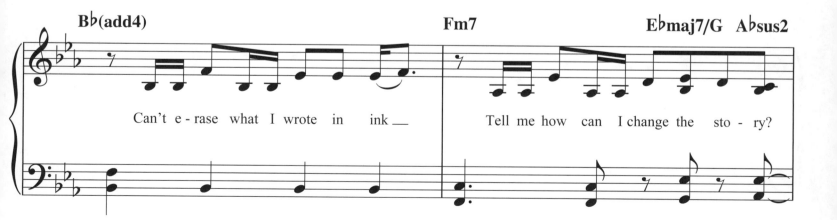

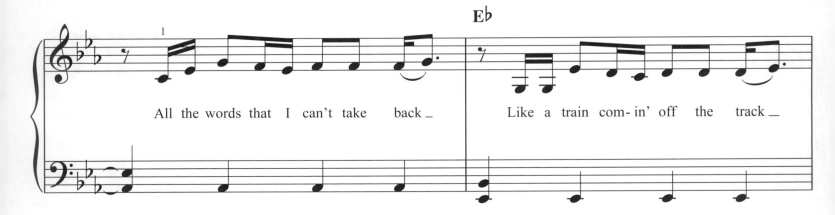

All the words that I can't take back _ Like a train com-in' off the track _

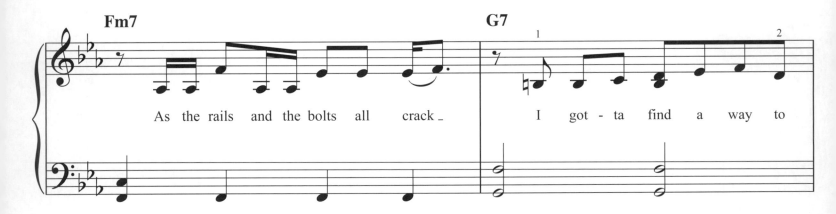

Fm7 As the rails and the bolts all crack _ **G7** I got-ta find a way to

N.C. **B♭sus2** Stop it Stop it Just let me out **A, H, J:** **F** So you got what you al-ways want-ed

C So you got your dream-come-true **B♭sus2** good for _____ you _____ **Dm7** **F**

WORDS FAIL

Music and Lyrics by BENJ PASEK
and JUSTIN PAUL

Rubato, sempre colla voce

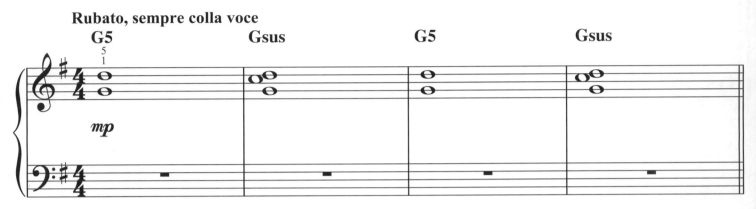

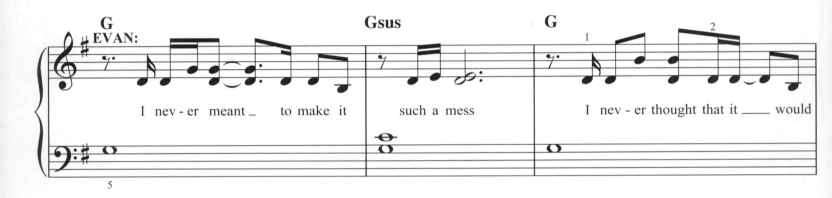

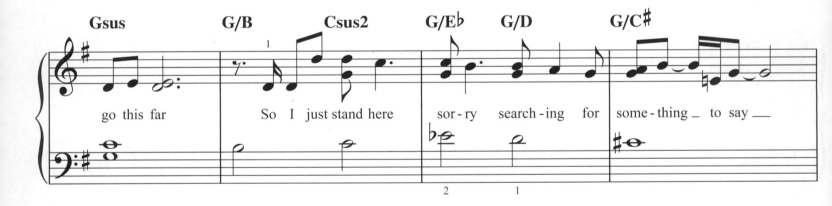

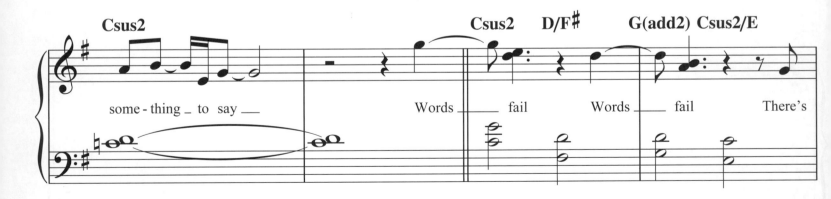

A tempo, always pushing and pulling

noth-ing ___ I ___ can say. *mf*

I guess... I thought I could be ___ part of this

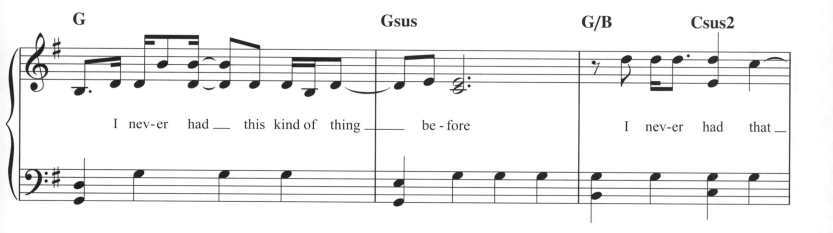

I nev-er had ___ this kind of thing ___ be-fore I nev-er had that ___

___ per-fect girl ___ who some-how ___ could see the good ___ part ___ of me

I nev-er had the dad who ___ stuck it out

No corn-y jokes ___ or base-

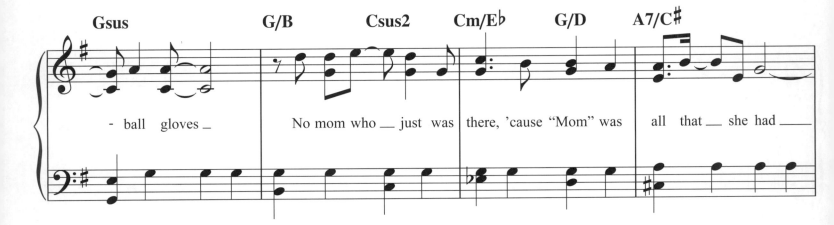

- ball gloves ___

No mom who ___ just was there, 'cause "Mom" was

all that ___ she had ___

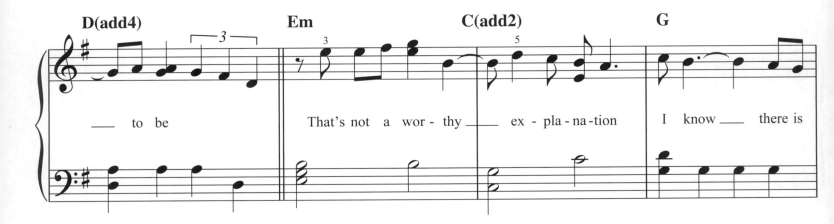

___ to be

That's not a wor-thy ___ ex-pla-na-tion

I know ___ there is

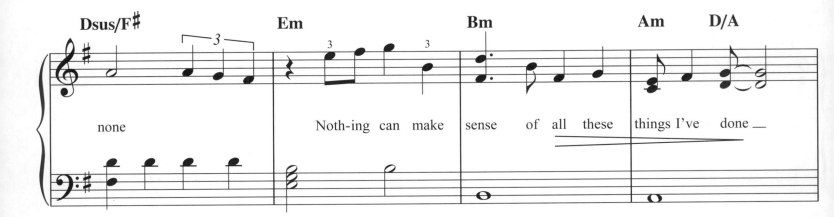

Noth-ing can make sense of all these things I've done ___

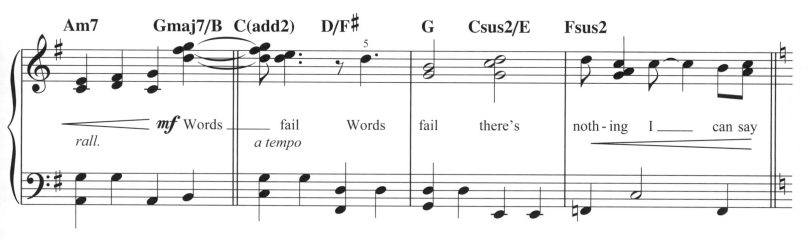

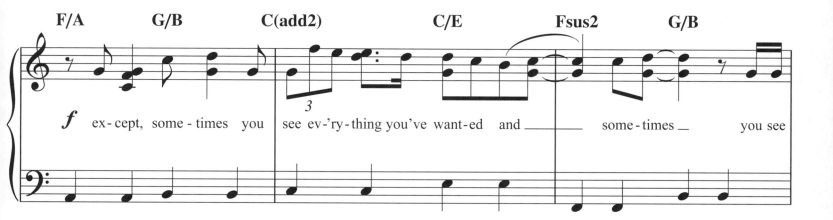

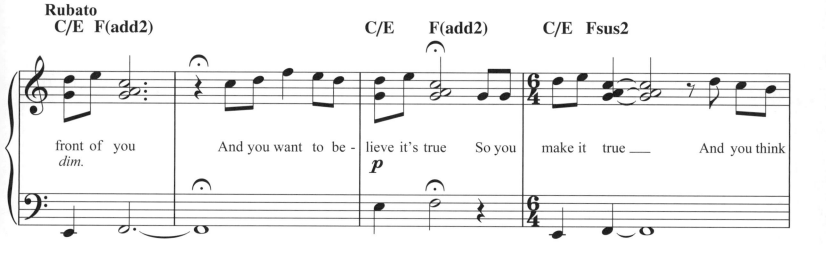

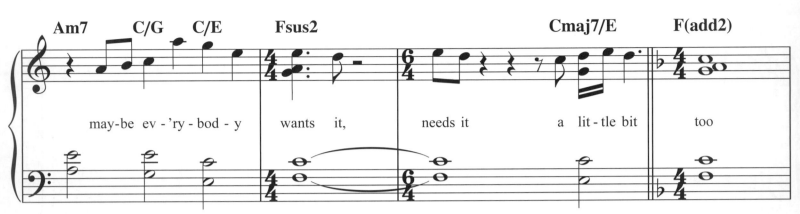

may-be ev -'ry - bod - y   wants   it,   needs it   a   lit - tle bit   too

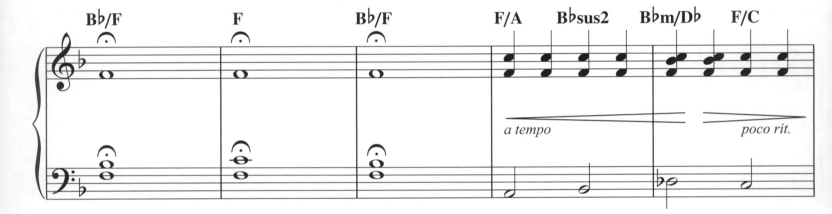

a tempo   *poco rit.*

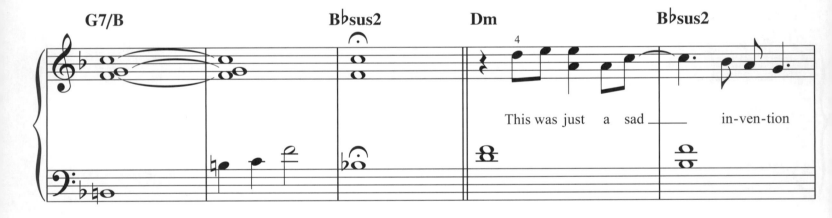

This was just a sad ___ in-ven-tion

It was-n't real ___   I know   But we were hap-py   I guess I could-n't

Moderato

let that go ___   I guess I could-n't give that up ___   I guess I want-ed to ___ be-lieve ___

___ 'Cause if I just be - lieve ___ then I don't have to see ___ what's real - ly there
poco rit.

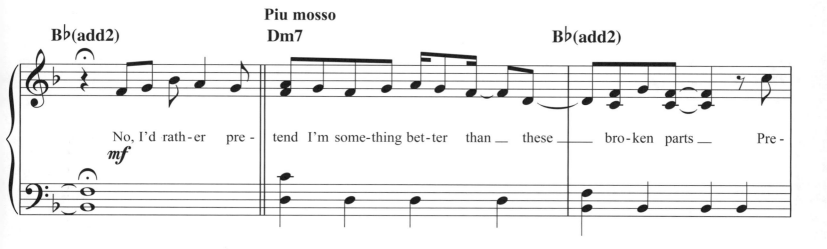

No, I'd rath-er pre - | tend I'm some-thing bet-ter than ___ these ___ bro-ken parts ___ Pre -
mf

tend I'm some-thing oth - er than ___ this mess that I am ___ 'Cause then I don't have ___ to look at it and

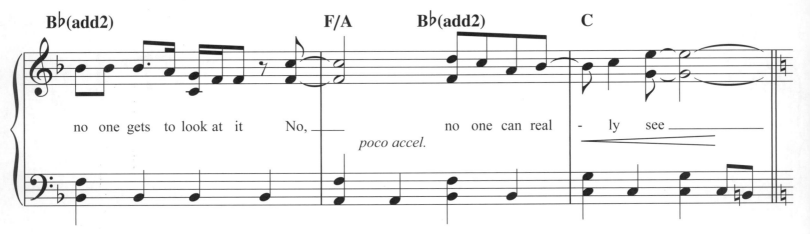

Bb(add2)   F/A   Bb(add2)   C

no one gets to look at it   No, _____   no one can real - ly see _____

poco accel.

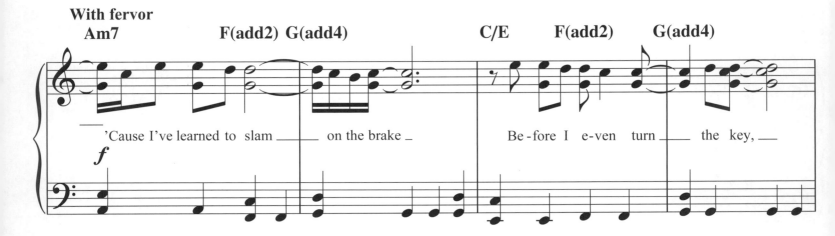

With fervor
Am7   F(add2) G(add4)   C/E   F(add2)   G(add4)

f

'Cause I've learned to slam _____ on the brake _   Be-fore I e-ven turn _____ the key, _____

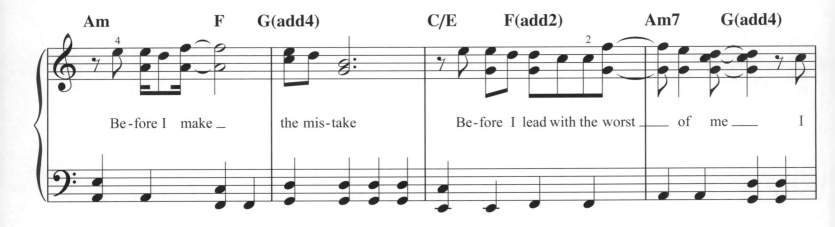

Am   F   G(add4)   C/E   F(add2)   Am7   G(add4)

Be-fore I make _   the mis-take   Be-fore I lead with the worst _____ of me _____   I

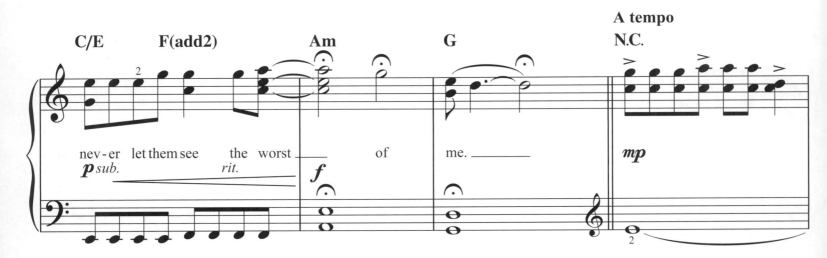

A tempo
C/E   F(add2)   Am   G   N.C.

nev-er let them see   the worst _____   of   me. _____

p sub.   *rit.*   *f*   *mp*

'Cause what if ev-'ry-one __ saw? What if ev-'ry-one __ knew?

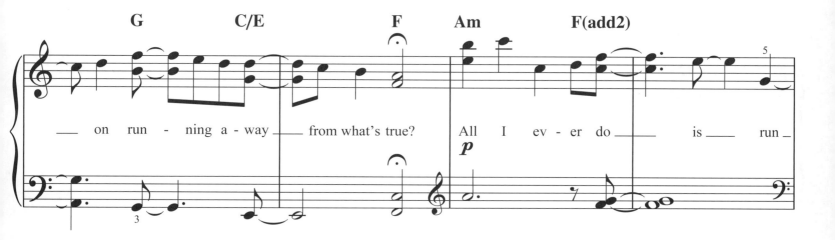

Am **G** **Rubato** **Dm7** **Am7**

Would they like __ what they saw? __ Or would they __ hate it too? __ Will I just keep __

poco rit.

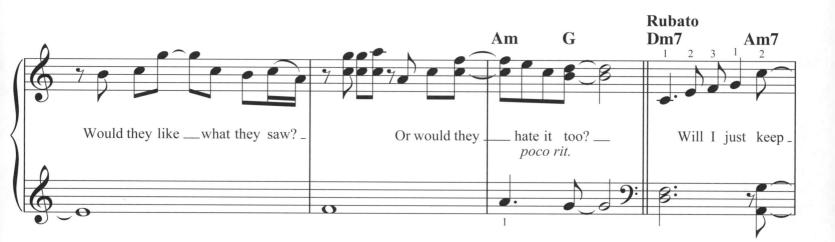

G **C/E** **F** **Am** **F(add2)**

__ on run - ning a - way __ from what's true? All I ev - er do __ is __ run __

p

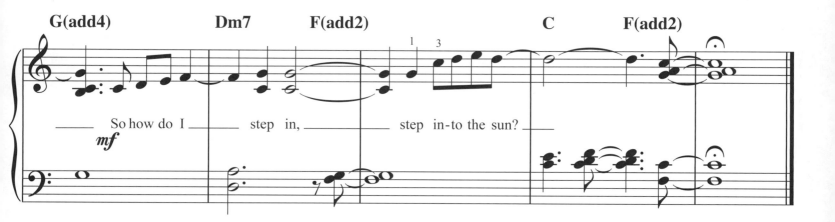

G(add4) **Dm7** **F(add2)** **C** **F(add2)**

__ So how do I __ step in, __ step in-to the sun? __

mf

SO BIG/SO SMALL

Music and Lyrics by BENJ PASEK
and JUSTIN PAUL

Rubato throughout

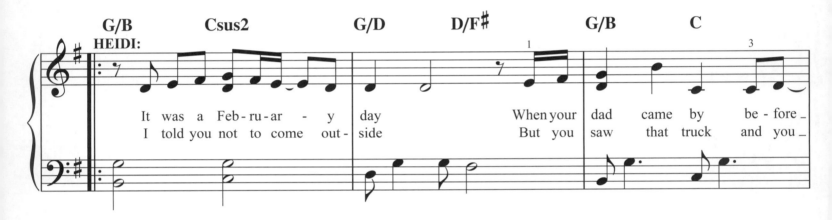

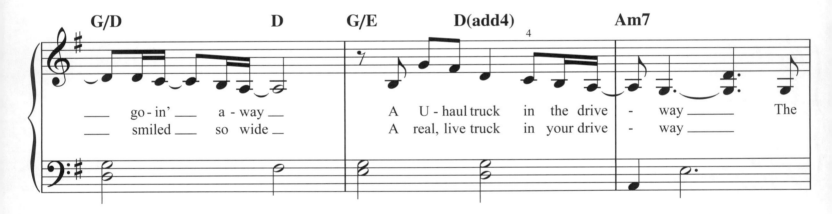

bye   good - bye   Now it's   just me ___ and my ___   lit-tle guy ___ and the

house   felt   so ___   big   And   I ___   felt   so ___

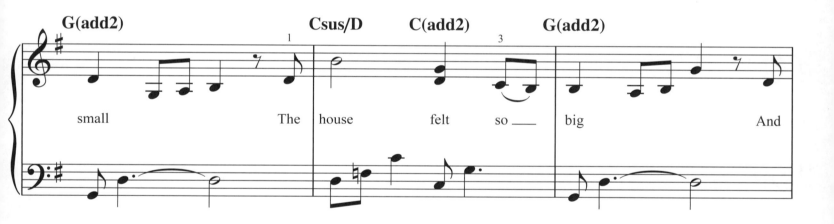

small   The   house   felt   so ___   big   And

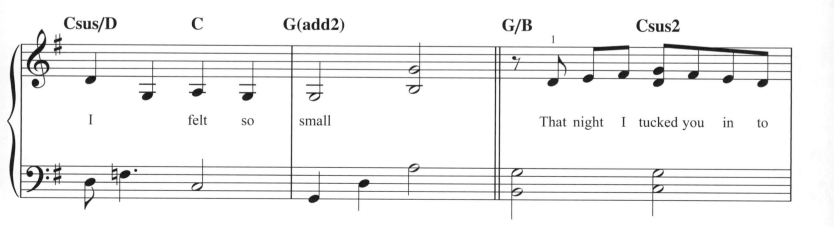

I   felt   so   small   That night I tucked you in to

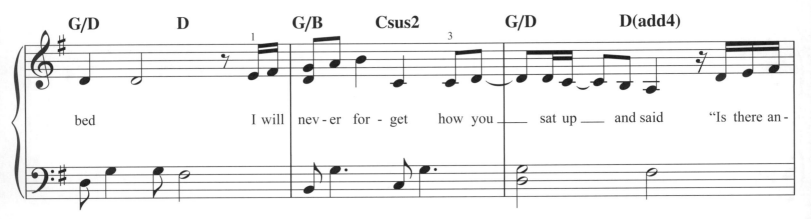

G/D   D   G/B   Csus2   G/D   D(add4)

bed   I will nev-er for-get how you ____ sat up ____ and said "Is there an-

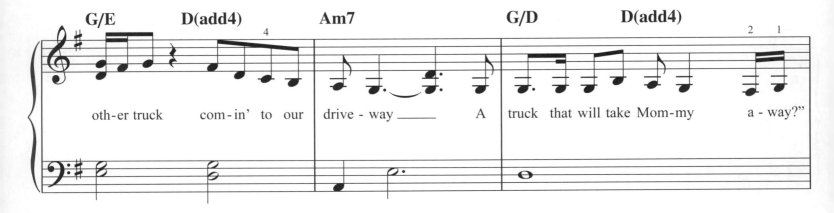

G/E   D(add4)   Am7   G/D   D(add4)

oth-er truck com-in' to our drive - way _____ A truck that will take Mom-my a - way?"

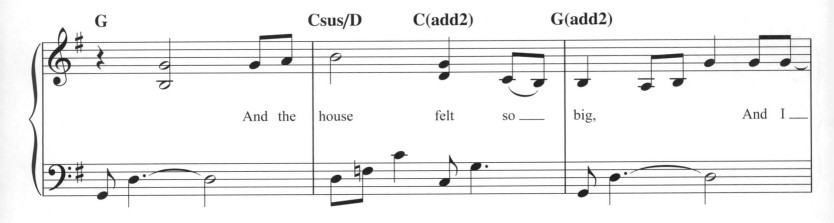

G   Csus/D   C(add2)   G(add2)

And the house felt so ____ big,   And I ____

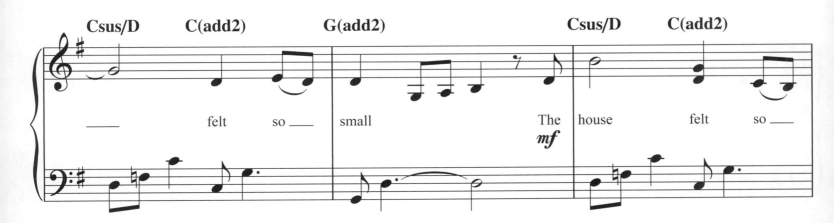

Csus/D   C(add2)   G(add2)   Csus/D   C(add2)

____ felt so ____ small   The house felt so ____

mf

big   And I   And I knew _____ there would be

mo - ments _ that I'd _ miss And I knew _____ there would be space I _____ could - n't fill _____ And

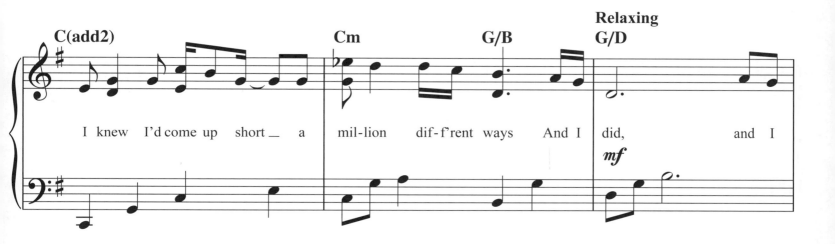

I knew I'd come up short _ a mil - lion dif - f'rent ways And I did,   and I

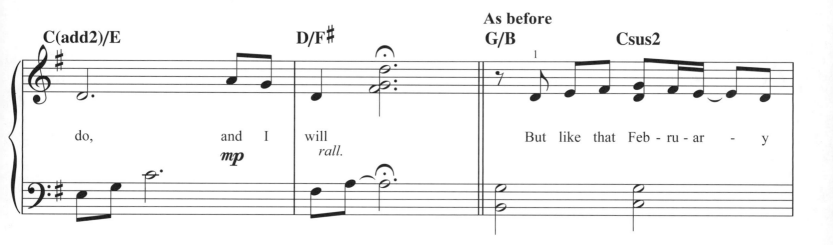

do,   and I will   But like that Feb - ru - ar - y

G/D   **D**   **G/B**   **Csus2**   **G/D**   **D(add4)**

day   I will take   your hand, __ squeeze it   tight - ly   and say: "There's

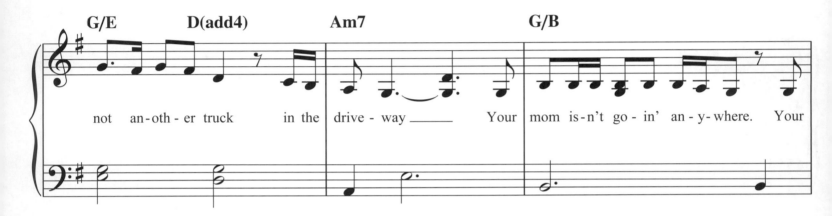

G/E   **D(add4)**   **Am7**   **G/B**

not an-oth-er truck   in the drive - way _____   Your mom is-n't go - in' an - y-where.   Your

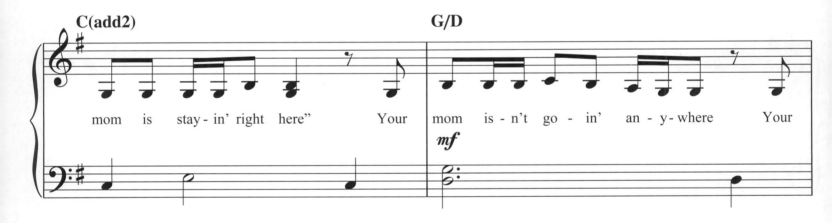

C(add2)   **G/D**

mom is stay - in' right here"   Your   mom is - n't go - in' an - y-where   Your

mf

B7/D♯   **Slowly**
Em   **G/B**

mom is stay-in' right here. No mat - ter   what   I'll be   here   when it

mp

Quasi a tempo

all   feels   so __ big   'Til it   all   feels   so __ small   When it

all   feels   so __ big   'Til it   all   feels   so __

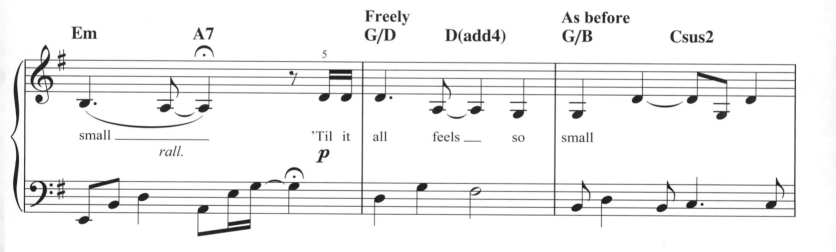

small __   *rall.*   'Til it   all   feels __ so   small

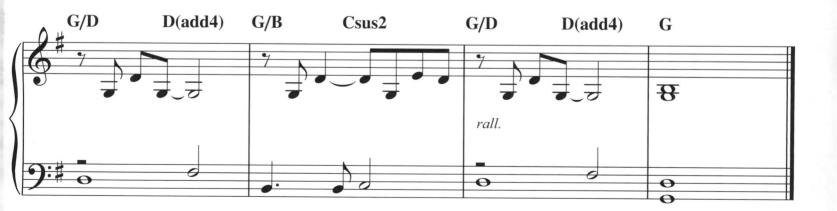

EASY PIANO SELECTIONS

Stacey Mindich

Mickey Liddell   Hunter Arnold   Caiola Productions   Double Gemini Productions
Fakston Productions   Roy Furman   Harris Karma Productions
On Your Marks Group   Darren Bagert   Roger & William Berlind
Bob Boyett   Colin Callender   Caitlin Clements   Freddy DeMann   Dante Di Loreto
Bonnie & Kenneth Feld   FickStern Productions   Eric & Marsi Gardiner   Robert Greenblatt
Jere Harris and Darren DeVerna   The John Gore Organization   Mike Kriak   Arielle Tepper Madover
David Mirvish   Eva Price   Zeilinger Productions   Adam Zotovich   Ambassador Theatre Group
Independent Presenters Network AND The Shubert Organization

EXECUTIVE PRODUCERS
Wendy Orshan and Jeffrey M. Wilson

IN ASSOCIATION WITH
Arena Stage   Second Stage Theatre
Molly Smith, Edgar Dobie   Carole Rothman, Casey Reitz

BOOK BY   MUSIC AND LYRICS BY
STEVEN LEVENSON   BENJ PASEK & JUSTIN PAUL

STARRING
BEN PLATT

LAURA DREYFUSS   RACHEL BAY JONES
JENNIFER LAURA THOMPSON   MIKE FAIST   MICHAEL PARK
WILL ROLAND   KRISTOLYN LLOYD

SCENIC DESIGN BY   PROJECTION DESIGN BY   COSTUME DESIGN BY   LIGHTING DESIGN BY   SOUND DESIGN BY
DAVID KORINS   PETER NIGRINI   EMILY REBHOLZ   JAPHY WEIDEMAN   NEVIN STEINBERG

VOCAL ARRANGEMENTS &
HAIR DESIGNER   MUSIC DIRECTOR   MUSIC COORDINATORS   ADDITIONAL ARRANGEMENTS BY
DAVID BRIAN   BEN COHN   MICHAEL KELLER   JUSTIN PAUL
BROWN   MICHAEL AARONS

ADVERTISING   PRESS REPRESENTATIVE   DIGITAL MARKETING   MARKETING PARTNERSHIPS
SERINO COYNE   DKC/O&M   SITUATION INTERACTIVE   ROSE POLIDORO

CASTING BY   PRODUCTION MANAGEMENT   PRODUCTION STAGE MANAGER   COMPANY MANAGER
TARA RUBIN CASTING   JUNIPER STREET   JUDITH SCHOENFELD   KATRINA ELLIOTT
LINDSAY LEVINE, C.S.A.   PRODUCTIONS

ASSOCIATE DIRECTOR   ASSOCIATE PRODUCERS   GENERAL MANAGER
ADRIENNE CAMPBELL-HOLT   JAYNE HONG   101 PRODUCTIONS LTD.
                              RACHEL WEINSTEIN

MUSIC SUPERVISION, ORCHESTRATIONS
& ADDITIONAL ARRANGEMENTS BY
ALEX LACAMOIRE

CHOREOGRAPHY BY
DANNY MEFFORD

DIRECTED BY
MICHAEL GREIF

Originally presented by Arena Stage – July 9, 2015 to August 23, 2015
New York premiere at Second Stage – March 26, 2016 to May 29, 2016

Cover art courtesy of Serino Coyne

ISBN 978-1-4950-9966-3

7777 W. BLUEMOUND RD. P.O. BOX 13819 MILWAUKEE, WI 53213

In Australia Contact:
Hal Leonard Australia Pty. Ltd.
4 Lentara Court
Cheltenham, Victoria, 3192 Australia
Email: ausadmin@halleonard.com.au

Visit Hal Leonard Online at
www.halleonard.com